玛丽·沃斯通克拉夫特

（詹姆斯·希思版画，以约翰·奥佩所绘肖像为底本，一七九八年）

（英）玛丽·沃斯通克拉夫特 著　李博婷 译

女子教育

THOUGHTS ON THE
EDUCATION OF
DAUGHTERS

广西师范大学出版社
· 桂林 ·

目 录

译者序

本书名为《女子教育》，包括两个作者所写的三篇题材相关的文章：

1. Thoughts on the Education of Daughters：With Reflections on Female Conduct，in the More Important Duties of Life，中文全译为：论女儿的教育，以及对人生中重要职责方面女子行为的思考（简称《女儿教育》），作者是玛丽·沃斯通克拉夫特（Mary Wollstonecraft，1759–1797），一七八七年出版。

2. Original Stories from Real Life：With Conversations Calculated to Regulate the Affections and Form the Mind to Truth and Goodness，中文全译为：来自真实生活的本事真迹及谈话，旨在约束情感、形成真与善的头脑（简称

《本事真迹》），作者也是沃斯通克拉夫特，一七八八年出版。

3. A Father's Legacy to His Daughters，中文译为：一位父亲留给女儿的遗产（简称《遗言教女》），作者约翰·格里高利（John Gregory，1724–1773），一七七四年出版。

三篇相加，因其主题都涉及女子教育，故全书命名为《女子教育》。

《女儿教育》是篇论文，是沃氏发表的第一部作品。此文从行为举止、待人接物、操行修养、阅读娱乐等多方面按时间顺序阐释了女性从婴儿到学龄，再到恋爱、婚姻的教育历程，内容严肃甚至刻板，明显可见十七世纪英国经验主义哲学家洛克"白板说"的影响，即认为人的心灵像一张白纸，上面没有任何记号，也没有任何观念；心灵经由经验得到观念，人类的一切知识都建立在经验之上。因此沃氏主张尽早向儿童灌输道德观念，提倡用理性制约本能，否则本能就会增强激情，那跃跃欲试的虚荣和自恋就会获得对人心的掌控。《女儿教育》虽是沃氏的处女作，却包含了此后很多沃氏作品中对女性问题和教育问题的兴趣。这两种兴趣相结合，发展到巅峰的结果当然就属沃氏的代表作《女权辩》了。

《本事真迹》一七八八年第一次出版，且于沃氏生前的一七九一年和一七九六年各再版过一次，一七九六年版还有诗人兼画家威廉·布莱克（William Blake）配画的六幅插图。后世有以布莱克插图为此书的价值所在的（本译作也收录了这六幅插图），其实是低估了这本书的本来意义。有人当它是小说，因为它有人物、情节和文学手法，但其实读起来道德说教意味又甚浓，和《女儿教育》的观感并无差别。它写一对丧母的富家姐妹（玛丽和卡罗琳）被送到一个宗教虔诚、道德完美的中年女子（梅森太太）处受教育的事，所受教育包括善待动物、与人为善、不要撒谎、不要贪吃、不要懒散、要履职尽责、照顾贫弱、多做慈善、心怀上帝等。这些训诫中很多条明显按照基督教的七宗罪设计，和流行于中世纪的虔诚论文（devotional treatise）一脉相承。

《本事真迹》的书名起得含混，英文 original stories 有原创故事、新颖故事之意，也有本事真迹之意。如果是前者，则原创故事与真实生活相加，似乎有点矛盾语（oxymoron）的小聪明，也是文人措辞的典型套路。如果是后者，则语带挚诚，很像这书所想要强烈抒发的道德和宗教训诫，因此我愿意叫它《本事真迹》。这本书甚至还可以叫《玛丽和卡罗琳》。因为作者对自己的本名一向情有独钟，她的另外两本小说都叫"玛丽"，都有自传的影子。一本叫《玛丽：一部小说》，另一本叫《玛丽亚：女人之罪》。

《本事真迹》里有几个名字取得独特的人物，他们是崇高先生、诚实夫人、狡诈夫人和暴躁简，均以各自的性格品质入名。这个修辞手法叫托寓（allegory），有很强的宗教和道德意味，中世纪、文艺复兴文学里比比皆是。在十七世纪文学里也还有一个著名的例子：班杨的《天路历程》，这应该是英国文学中最著名的以托寓为写作手法的小说了。《天路历程》写一个名叫"基督徒"的主人公从家乡"毁灭之城"一路去"天城"的经历，所到之处都是诸如灰心沼、困难山、名利场、羞辱谷、怀疑堡和死亡阴影谷这样的地方，遇到的坏男人也都坦然叫世故聪明先生、合法先生、礼貌先生，而遇到的好女人也不惮叫谨慎、虔诚和仁爱。用这种办法命名的人物当然性格单一，自始至终扁平、无发展，为后世重视人物复杂深刻、喜欢挖掘心理深度的文学品位所不喜。但是这办法简单、直接且强烈，对看多了各类深文周纳的二十一世纪读者而言，或许反倒有点新鲜感。总之，到了一七八八年沃氏写《本事真迹》的时候，《鲁滨逊漂流记》（1719）、《克拉丽莎》（1748）、《汤姆·琼斯》（1749）等著名小说早就崛起了很多年，也已经为英国小说创造了很多新的范式，此时再用托寓写小说已经过时了。但是《本事真迹》却将它用得合理合适，让我很高兴这个传统在沃斯通克拉夫特处没有断绝。而之所以用托寓承载道德说教，大概是因为沃氏虽然自己勤写小说，但是对小说的看法却还是像大多数十八世纪道德家那样，害怕小说会给读者带来不良的道德后果，会助长虚荣和自私。这个担忧并非杞人忧天，而是当时社会的普遍关切，因为及至二十年后，当简·奥斯丁开始写小说的时候，也还要为自己读小说的喜好辩护。

《本事真迹》的叙事是在所谓"框架故事"（frame story）的掌控内展开的，这是另一个中世纪常见的文学手法。就是说，小说（如果我们把这本书当成小说的话）有一个总的叙述者，又由她引出各类第一人称叙述者，各自讲述自己的故事。这方面的代表作是十四世纪诗人乔叟的《坎特伯雷故事集》。英国的十八世纪是小说兴起的年代，研究者已经从资产阶级意识形态的崛起、帝国和殖民实践的开展、经济活动如何影响文化意识等方面对其进行过多方解说，研究不可谓不兴盛，但是研究者的目光却还始终未及《本事真迹》以及沃氏的另外两本"玛丽"小说。这一情况或许未来能有改观。

在女性教育方面，沃氏还编过一本文集，以"克莱斯维克先生，演说术教师"的男名发表，书名叫《女性读本：为提高年轻女性所辑录的散文与韵文杂章，选自最好的作家，并予以恰当的分类》(*The Female Reader: Or Miscellaneous Pieces in Prose and Verse; Selected from the Best Writers and Disposed under Proper Heads; for the Improvement of Young Women*, 1789),内容包括圣经与莎士比亚选段,多位十八世纪作家选段,如伏尔泰、休谟、斯蒂尔、夏洛特·史密斯以及让丽夫人。沃氏所选自然体现沃氏的品位,但是因为文字非沃氏所作,因此未收入本套书中。

其实,《女儿教育》和《本事真迹》最令人吃惊处,是它们和《女权辩》为同一作者所写。《女权辩》(*A Vindication of the Rights of Woman: With Strictures on Political and Moral Subjects*, 1792)是西方历史(乃至人类历史)上第一部真正的女权主义宣言。在这份激情澎湃的论辩中,沃氏批判男权社会长期以来持有的女性生来就智力不足、道德低下的偏见,将社会的道德复兴和女性的个体幸福结合起来,激励女性成为有理性的独立个体。她认为女性的自我价值不应来自外貌,而应来自内在知识和自我掌控。她主张女性必须接受教育,批评当时的教育有意将女性塑造为轻浮无能者,认为好的教育不光能使女性成为贤妻良母,更会使其成为拥有政治和民事权利的完全之人。为此,沃氏建议改革教学体系和学校课程,让女性享有和男性平等的受教育权,学习技能,以便日后自食其力,不以嫁人为唯一出路。

她对婚姻如何持久也有建议，她认为婚姻应以友谊而非相貌为基础。除此，她还呼吁女人不光要为丈夫和孩子负责，也要对自己负责，要洞察自己在人生中的真正责任，抛弃表象世界和欲望世界。

和《女儿教育》和《本事真迹》相比，《女权辩》的论述更为系统全面，表达更雄辩流利，箴言妙语、令人心动心折处比比皆是，但是最重要的是少了《女儿教育》和《本事真迹》中随处散发外溢的那种刻板的自以为义。这种自以为义是我在读《本事真迹》时最觉踌躇犹疑处。担任女孩导师的梅森太太是一个永远自信、永远有理、永远正确的存在。用她自己的话说，她打小就是上帝"行善的工具，我一直都对他人有用。我从不肆意践踏昆虫，从不漠视不会说话的野兽的哀鸣。我现在可以给饥饿者面包，给病痛者药物，给受苦者安慰"。可是看到一只中枪受苦、不可能痊愈的鸟，她却会"把脚压在雄鸟的头上，同时转过脸去"——踩死了它。她这么做的道理是："为了不让自己感到不愉快，我应该允许这只可怜的鸟一点点死去，并且管这种做法叫温柔，实际上它只是自私或软弱。"

《本事真迹》的另一个独特之处在于对小孩的态度截然不同于我们自己已经把儿童神圣化、把亲子之情当作所有人类感情中最基本最美好感情的时代，因为《本事真迹》完全是以理性的获得程度来衡量儿童的。梅森太太对两个犯错的女孩这样说道："我要向你们重复多少次小孩不如大人的道理呢。因为小孩的理性还处于婴儿期，而正是理性使人高于畜生。对理性的培养使智者高于无知者，而智慧只是美德的另一个名称。"在理性的获得程度上，小孩甚至不如仆人，而任何人在看了《女儿教育》和《本事真迹》对仆人的种种描述后，是没法对这个阶层怀有平等的尊重的。十八世纪九十年代的英国孩子真是活在可怕的奴隶状态中，这离华兹华斯（William Wordsworth）说的"小孩是成人之父"（1802）的浪漫主义悖论还有一些年月。华兹华斯的这句话被后世的儿童崇拜论者奉为圭臬，其中一种解释是说童年对于塑造成人至关重要，这难道不也同时说明了儿童的成熟和童年的缺失？

总之《本事真迹》再一次提醒我们从中世纪到十八世纪，儿童的概念是不存在的，儿童只是小号的大人——"小大人"。美国学者尼尔·波兹曼（Neil Postman）说中世纪的童年在七岁结束，因为七岁的儿童已经能够驾驭语言，能听懂并且会说大人所能听懂并且会说的一切了（虽然我们今天直觉上觉得儿童还办不到）。法国学者菲利浦·阿利埃斯（Philippe Aries）说中世纪一个十岁的小女孩已经开始学习管家，俨然是个小妇人。的确，对人均寿命短,普遍早婚早育(乔叟笔下的巴斯妇十二岁开始第一段婚姻),婴儿死亡率高的中世纪而言,不特别爱重小孩是必然做法。即使到了十八世纪,法律对犯罪的小孩也绝无恻隐之心,怎么处罚成年人就怎么处罚小孩。就在沃氏写作《女儿教育》和《本事真迹》的十八世纪八十年代,英国还有对儿童公开处以绞刑的例子,其中有史可查的是一个七岁的小女孩。相比之下,《本事真迹》中生活在蜜罐里的已经十四岁的玛丽和十二岁的卡罗琳还这么不懂事真是不应该。

另一个重视儿童的十八世纪人是思想家卢梭,但是卢梭和洛克的观点截然不同。卢梭认为儿童并非达到目的的手段,而是本身就富有魅力和价值,因为童年是人类最接近"自然状态"的阶段,而人在自然状态下是天性无私、崇尚和平、无忧无虑的,其代表人物就是"高贵野蛮人",即欧洲殖民者在美洲、非洲以及大洋洲发现的土著民族。相反,贪婪、焦虑以及暴力等诸多负面事物都是文明的产物。这明显不是沃氏在《女儿教育》和《本事真迹》里对儿童的认识。相反,她是洛克的信徒,认为一个孩子无知无耻不是孩子本人的问题,而是成人的失败,因此父母务必承担起教育的责任来。沃氏的这个主张——应该重视儿童教育,应该将儿童交给合适的人照管——是进步的，因为当时存在很多忽视孩子教育的中产和下层阶级。可是有一点必须注意：她认为这个照管之人不能是仆人或其他无知之人。

这是沃氏平等思想中的一个不平等处。不论是《女儿教育》，还是《本事真迹》，还是格里高利的《遗言教女》，本书的三篇教女书都是为中等阶级教女而作，都没有劳动阶级的份。同样，《女权辩》也不是为了每个女性的权利而辩。《本事真迹》中有相当多穷人的故事，有从大地主那里租赁小农场耕种的佃农，有从贵族阶层家道中落、被地方恶势力欺压、最后贫无可依的农民，有船只失事、被敌国抓走囚禁的船员，有收不上欠账于是自己欠账、最后被抓入狱的伦敦小店主，还有蜗居在贫民窟里的城市失业者，沃氏对他们抱有真诚的同情，并借梅森太太的慷慨解囊帮助了所有这些人，可是她仍然不觉得这些人应该和"自己"平等。她的原则总结起来就是，对下等阶层要公平合理，对贫弱者要关心扶助，但他们是他们，也只能是他们，而我们是我们，始终和他们不同。她自己出身中等阶层，但因家道中落，做过陪伴、家教，开过女校，这些都不是十八世纪世俗眼光中的体面职业，都是女性走投无路时的选择，却令她更加固守本阶级姿态，而不是打破阶级壁垒，获得更大的精神自由，而她是所有人中最能做到这一点的。

事情往往如此,在一个方面超凡脱俗的思想者在其他方面却有局限。沃氏提倡男女平等,但并不提倡阶级平等。百多年后,到了现代主义发端的二十世纪,女作家伍尔夫继续提倡男女平等,却不提倡种族平等,即使是在面对纳粹的威胁时。她有反犹情绪,即使她不是个通常意义上的反犹主义者。而且她丈夫是犹太人,据说夫妻俩感情很好。

从后视而见,《女儿教育》和《本事真迹》的另一个吊诡处是其宣扬的基督教正统观和作者本人的所作所为存在明显反差。沃氏本人的婚恋是非常超前于时代、特异于常规的——她先是爱上画家福塞利,跑去找画家妻子,建议三人行。后又爱上美国人伊姆利,和他未婚生女。伊姆利移情别恋后,她为他自杀两次。自杀是基督教义所不容的大罪,而她又号称是个虔诚的国教徒。最终她和哲学家葛德文再一次未婚有孕,为了不让孩子受人歧视才结了婚。她生产不利死亡后,葛德文的《忆亡妻》以有爱的笔触揭露了所有这一切,毁坏她的名声达百年之久。诚然沃氏在写作《女儿教育》和《本事真迹》时,还未经历后来的这一切波折,但是后人知道了,也很难再把她那些高尚无比的训诫当真,甚至干脆会觉得她虚伪。

即使不以道德批判的眼光看她，也起码知道一点，那就是她脑子里固有的正统观念根本就抵挡不了她行为中蕴含的巨大激情与能量。她本想用理性约束感性，却没料到自己的感性太强，理性根本约束不了。

因此，未恋未婚未育的二十八九岁的沃氏写的《女儿教育》和《本事真迹》，多的是理性的规训惩罚，缺的却是感性的温情和爱。而到了六七年后，目睹了法国革命的澎湃激烈、经历了热恋和失恋、怀抱私生女到北欧游历的沃氏，在《北欧书简》（*Letters Written During a Short Residence in Sweden, Norway, and Denmark*, 1796）中倾注的却是一腔理性难以压制的激情，她是开始怀疑刻板的宗教观、对女儿无比轻怜痛惜的母亲。此前贯穿沃氏著作始终的以理性为人生最高指导的信条松弛了，在理性和感性的痛苦纠缠中，感性最终也没败下阵去，而是开始赢得一席之地。

本书第三篇《遗言教女》是十八世纪教女类著作中的名篇，沃氏在《女权辩》中曾对其做过回应。《遗言教女》的作者格里高利是爱丁堡的一名医生和医学作者。此文写于一七六一年，当时他的妻子已去世，他自己也健康不佳，忧虑万一自己也死掉，成了孤儿的女儿们不知该如何应付人生。果真，在他死后，一七七四年该文由他儿子出版。这篇教女书的语气也因此沉郁凝重，对人性对社会不抱幻想，观点警惕悲观。作者从宗教、行为举止、娱乐，以及友谊、恋爱、婚姻等几个方面对女儿们提出建议，告诉她们如何为人处世，而这些建议归根结底就是要女儿们谨言慎行加端庄保守；要信教而不必探究宗教问题；可以识字学画，但是如不具备特殊才能，切不可沉迷于读书和艺术；对待恋爱要诚实慎重，切不可轻浮放肆；对男人不要主动表白心意，一定要让男人先开口，否则你就得不到他的尊重；女人爱上男人，通常是因为这男人在众多女人中选择了她，而反其道行之，在众多男人中选择一个去爱是危险的；女人可以不结婚，但最好还是结婚，因为没有哪个女人能忍受老来的孤独寂寞和无人关注；如此等等。

以今天的女权眼光来看这篇东西，会觉得它保守刻板，因为它对男女关系的根本认识是：女性必须取悦男性，女性要时刻注意男性对自己的看法，不要冒犯男性的道德观和价值观，最紧要的是培养贤淑优雅、温顺驯良的外表和内心，因为男人最喜欢、最欣赏的就是这样的女人。女人有头脑是对男性的冒犯，因此一个有学识的女人务必隐瞒自己的学问，在男人面前假装无知。这样的观点当然遭到了沃氏的反对，她在《女权辩》中回应说女人并非天生愚蠢、道德低下，女性应该为自己成为有理性的人，而不是为了取悦男人，女人除了对男人和家庭负责，更应该对自己负责。这就为现代女权主义的核心主张之一打下了基础,即,女性要为自己而活,女性要做自己。

然而从现实的角度看,格里高利的这些观点也不算错,甚至有些还很适合今天社会的某些情形,这说明我们的社会不管表面成色如何,刮开一看,也总还是有一层男权的底色。

《遗言教女》的复杂处在于它倒也不是完全站在男权一边,它有替女性发声的时刻,然而在对女性似是而非的支持背后却可能蕴含着对女性更大的危害。比如作者开篇明义,说"我把女人看成是男人的伴侣,看作与男人平等的人,是天生要软化男性心灵、改进男性举止的人"。的确,文章从头到尾似乎都在觉得男人太坏,男人犯错经常不受惩罚,而女人身处社会则如群狼环伺般危险,一步错就会步步错,因此年轻女子只有谨言慎行、保守低调才能规避这个社会的无数陷阱与劫难。可是女性的这种道德优越性难道不正是因为身处男权社会中,一旦犯错代价太大,因此只好多加忍耐的结果?同理,男权社会使得男性犯错成本太低,因此男性才不惮于不断犯错。无论如何,看到了这种差别的格里高利只是对男人的改进不抱希望,而不想从根本上改变这种不平等。他固然能面对现实,实事求是,可是看到问题却不求改变,还让女儿们迎合这种种陋习,实则等于让不合理永远存在下去。

不过即便如此,《遗言教女》也还有诚实的好处。它有一句话说得实在,为了这句话,也值得看看这本书。那就是,作者希望女儿们听听他的建议,因为"一生中至少有一次,你们能听到一个男人的真实想法——他既无须奉承,也无须欺骗你们"。可见男女交往不易,说真话的时候太少。这书里还有很多泄气的话,也都是大实话,足够震动那些对感情过度幻想的痴情女子。他说,女人所面临的严酷现实中有一条是获得幸福婚姻的可能性不大,因为"一个真正腹有才华、襟怀坦荡的男人……你们很难遇到"。"假设一个女人有理智、有品位,她不会觉得有很多男人值得她尊敬。少数几个她能尊敬的人当中,能看上她的更是少之又少。"作者还说,哪怕结婚对女人有利,觉得只有结婚才会幸福的想法最可鄙不过,它不仅"粗俗,还很错误,成千上万的女人已经经历过了"。

这书既然畅销,就很有可能被小说家奥斯丁读过。格里高利希望女儿们婚姻幸福、得偿所愿,但他也并非要女儿们为生计结下无爱的婚姻。这点不用修改就是三十年后奥斯丁小说的主张,只是奥斯丁笔下的女性明显更自在、更独立。而且这恰巧也是奥斯丁本人的做法,因为她是在答应一个庄园主的求婚后，第二天一大早就反悔并匆匆离开的人——明显是一夜未睡，思前想后的结果，或者是立刻后悔，决心在第一时间纠正错误的决绝。至于格里高利非常反对的一点，即女人想在智识上追求超拔，想要像男人之间那样跟男人无所不谈，又简直像是在说沃斯通克拉夫特，因为她的活动圈子正是伦敦一个活跃的思想者圈子，成员基本都是男性，交流靠的就是雄辩。

我将《遗言教女》收入本书，和《女儿教育》和《本事真迹》并列，是想让读者知道，在沃氏写《女权辩》之前，英国社会最欣赏的是怎样的女性教育观，沃氏的观点在《女权辩》和《北欧书简》之前又是多么正统崇高、令人敬畏却又难以企及。

最后，要感谢编辑魏东先生慧眼独具，能将两百年前英国思想家的更多著作引入国内，让我国读者在《女权辩》之外，得以窥见沃斯通克拉夫特作品的更多面向，感谢程卫平先生辛苦审校，感谢老朋友丁林棚对译稿的建议。

李博婷

二〇二二年春于北京

女儿教育

前　言

在接下来的章节,我将试着指出一些有关女子教育的重要问题。这方面确实已有相当多著述,但我也认为还有很多未言之事。我不会为此企图道歉,也不会用道歉填满以下篇幅。诚然,我担心有人认为我的思考太过严肃,可我无法不严肃。如若不严肃,只会做作。性情欢快者可能会觉得这些思考乏味透顶,可是或许也有人不这么看。于我而言,只要我所写能对一个同类有用,能消磨因悲伤而变得沉重的光阴,我想我的劳动就没有白费。

婴幼儿的保育

我既然认为每一个有理性的生物都有义务照顾自己的后代,就不得不遗憾地注意到,理性和责任相加并没有对人类行为产生类似本能对野蛮生物所产生的那种强大效果。懒惰,以及对一切事物——除了眼前的放纵以外——的轻率漠视,使得很多母亲即便有片刻的温柔,也在总体上忽视了孩子。她们听从一种令其愉快的冲动,却从没有想过,理性应该培养和支配本能,这些本能植入我们体内,能使我们的责任之路走得愉快。如果本能不受控制,人就会变得狂野,本能还会助长那些永远都在试图获得统治权的激情——我是指虚荣和自恋。

首先要注意为孩子良好的体质奠定基础。如无重要理由,母亲都应用母乳喂养孩子。母乳是孩子最合适的营养品,在一段时间内可满足孩子的营养所需。只要规律哺乳,母乳喂养并不辛苦。而如果把孩子交给无知的保姆照顾,孩子的胃会被太多不合适的食物填塞,食物变酸后会让孩子非常不舒服。我们尤其应该小心保护婴幼儿免受身体的痛苦,因为他们的头脑还不能为其提供任何可减轻痛苦的娱乐。孩子在刚出生的几年,常常因为大人的疏忽或无知而痛苦不堪。他们的不适主要在于肠胃,而这通常由食物的质量和数量引起。

母乳喂养孩子还会激发一种温柔的暖心之光——婴儿依附于大人时的无助状态可以引发一种情感,不妨称之为母爱。每次看到妈妈们履行这一职责,我甚至都能感受到那种母性。我认为母性的温柔既来自本能,也来自习惯。我相信父母可以对领养的子女产生爱,因此母亲必须履行为人母的职责,以便对子女产生合乎理性的感情。

儿童很早就会养成周围人的习惯。一个有教养之人的孩子只要没有完全交给保姆照管,就会很好辨认。保姆们当然无知,为了让孩子暂时安静下来,她们会顺从孩子的一切任性要求。孩子很快就会变得倔强无常,渴望在每件事上都获得满足。保姆们通常仅凭一时兴起,或是满足孩子,或是不满足,可保姆们的脾性却从未得到纠正。婴儿发现这一点比大人想象的要早得多,这就让婴儿对大人产生了一种缺乏尊重的爱。大人必须行动一致,这是既培养爱又培养尊重的唯一可行之法。毫不妥协地坚持制定好的规则会让孩子感到舒适,也能为母亲和保姆省去很多麻烦。因为要是孩子一次都没有征服过大人,他们是不会经常和大人争执的。我相信,只要不是轻率地纵容孩子,孩子就会爱和尊重每一个正确对待他们的人。我曾经听一位明智的父亲说:"对孩子就像对马:首先要让马相信人是它的主人,然后人才能做马的朋友。"但是决不能采用刻板的行为方式,相反,我想说,人只有在童年时期,幸福才完全取决于他人。用不必要的约束折磨童年是残忍的。要想赢得爱,就必须表现出爱,还总是要提供一些爱的小小证明。不要让这些证明表现得像是你的弱点,它们会深深沉入年轻的心中,唤起那颗心最可亲的习性。动荡的激情可能会被抑制,直至理性破晓。

婴儿阶段也是孩子开始学说话的阶段。这时他们不仅听到了胡言乱语,还以一种愚蠢、造作的腔调将其重复出来,这当然令人厌恶。然而,这些话是孩子最初模仿的腔调,孩子纯真的嬉戏使得这些腔调即使不讨人喜欢,也能被人忍受。但是到后来再要忍受这种腔调就不容易了。很多女人即使到了后来也总是保留着婴儿阶段的咿呀之声。她们不仅没忘了口齿不清,还学会了萎靡不振。

儿童还在摇篮里就被大人教导要复仇和撒谎。如果他们摔倒了,或者用头撞到了什么,为了使他们安静下来,大人会告诉他们要报复那个给他们造成伤害的对象,还让孩子伸出小手去打。孩子哭闹或者惹麻烦的时候,猫狗会受惩罚,或者大人会威胁让怪物来把孩子带走。这样做只会起初让孩子感到害怕,但很快他们就会发现保姆的这些可怕威胁毫无意义。事实上,他们对这个谬论的洞察是如此彻底,以至于我见过一些几乎还不会说话的小孩在玩玩偶或者玩猫时,也会耍同样的把戏。

如果一个孩子人生最初的榜样引导她去实践与真理相反的东西,那么当孩子的头脑开始接受纪律的约束时,她还怎么能执行真理的戒律?

道德纪律

曾经有人说:"人如果仅仅是人,则无人能正确教育孩子。"我完全赞同这一观点,但是尽管达不到完美,无法预见之事也会永远支配人类的行为,我们还是有责任制定某种规则以规范我们的行为,并在弱点允许的范围内尽量遵守这种规则。为了能够遵循洛克先生①的体系(这几乎可以说是所有教育类论文的体系),父母必须克制自己的情绪,而这在很多时候并不常见。

婚姻经常处于一种不和谐的状态,父母双方都是理性之人的情况并不总是发生,而较弱的一方却有能力播下最坏的伤害。

那么,怎样才能培养孩子的温柔之心呢?妈妈只想让孩子最爱的人是她,或许还煞费苦心地撒播那些早已在她自己心里长成了离离野草的种子。或者,更常发生的是,孩子起初被大人当成玩物,可是当大人的轻率放纵宠坏了孩子的脾气,孩子开始变得令人讨厌时,大人又大多把孩子交给仆人处理,结果造成孩子最早吸收的

① 指约翰·洛克(1632-1704),英国哲学家和教育家。(本书脚注皆为译者注,后同,不另指出。——编者按)

是些颇为粗鄙的观念。孩子被教导要狡猾,这对某些人而言算是一种智慧,而作为美德基础的对真理的热爱,却很快从她们头脑中被根除了。在我看来,有个事实已经得到充分证明,那就是真理的原则是与生俱来的。很多真理不经推理我们也会赞同,还能感受其力量,而精巧的诡辩只能钝化那些自然植入我们心中、本能地守护美德的情感。很快,伪装和狡猾会把所有其他美好品质置于这些情感之前,让其占据优先地位,进而剥夺头脑中那种再怎么珍惜都不过分的美丽的朴素。

事实上,教孩子朴实,或者说得更得体些,不教孩子成为朴实的反面,是最为重要的。为了做到这一点,我们务必要让孩子远离坏榜样。仆人们几乎总在践习欺诈,并用类似手段保护自己免受责难,而孩子会看着仆人们这么干。狡猾几乎总与谎言相伴,毫无疑问也会导致谎言。如果孩子已经被灌输了对真理的关注,那么谎言——或者说某种愚蠢的推诿的诡计——的出现,会使头脑保持沉默,而不说出对此可能产生的责备。

欺诈的另一个原因,或者说来源,在于不公正的纠正。意外事故或者令人眩晕的把戏常常让孩子遭到惩罚。为了免受惩罚,孩子们总是能隐瞒就隐瞒。因此,要约束孩子,但千万不要在没有充分理由的情况下纠正孩子。所谓充分理由,举例来说,包括违背真理、虐待动物、虐待弱者,或者做出其他导致邪恶的愚蠢行为。

应该允许孩子加入谈话,但要有很强的洞察力才能找到能使孩子得到逐步提升的话题。动物是引发孩子关注的第一个对象,我认为有关动物的小故事不仅有趣,还能起到教育作用,对塑造性情和培养良好的心灵品质效果最佳。很多小书都有这种倾向,我记得尤其清楚的是一个叫《小耗子游记》①的故事。此处我还忍不住要提一本赞美诗,它的语言考究,作者很有独创力,还给孩子们写了很多其他适合的课程。我认为这些赞美诗会使心灵充满宗教情操和情感,也会使神性得以显现——如果允许我这样表达的话。然而,理解力不应像胃一样负担过重。智力的提高就像身体的成长和塑造一样,必须循序渐进。然而当心灵"脆弱的房间"在不

---

① 此书全称是《一只小耗子的生平和巡游》(*The Life and Perambulations of a Mouse*,约 1783 年),作者为多萝西·基尔纳(Dorothy Kilner)。此书是英国十八世纪下半叶的著名儿童文学作品,也是最早使用动物叙述者的作品之一。故事中,一只小老鼠和它的兄弟们去到各家各户,经历了很多不幸。它们和家庭中的儿童和成年居民互动,听其言观其行,做出道德判断。此书不仅旨在教诲儿童,尤其告诉儿童如何对待弱者,还反映了这一时期英国文学中的趋势,特别是感伤主义的影响和流浪汉小说的流行,以及十八世纪英国人开始对动物权利展露的兴趣。这一兴趣在沃斯通克拉夫特所写的《本事真迹》中也有强烈体现。

知不觉间调适自己，以便迎接一个更合理的房客时，没有理由让它休耕。它也不会休耕，各种各样的种子会被偶然播种，会和小麦一起发芽，也许永远不会被根除。

任何时候孩子问问题，都应该给予合理的回答。孩子小小的激情应该被激发。他们大多喜欢听故事，适当的故事在娱乐孩子的同时还能提升他们。然而，实际情况恰恰相反，小孩的脑子里充满了不可能的故事，以及对目不可见之物的迷信叙述，这令他们滋生了奇怪的偏见和无谓的恐惧。

如果是由保姆照料，则儿童更倾向于口齿不清，也会习得粗俗的词句。然而，这些都是孩子们永远不应该听到的话。能够轻松得体地表达思想对人生至关重要，如果在这一点上孩子不被引入歧途，将会避免很多麻烦。

厨房——或者其他任何只让孩子和佣人独处之地——产生的骚乱，会让孩子厌烦客厅里体面的拘束。活泼的小姑娘会变得顽皮。家里如有男仆，男仆会带着小姑娘出去走，会经常随便地对待小姐。这类举止会让小女孩变得鲁莽无礼，会令她完全抛弃与长辈交谈时训练出的得体与谦虚。我必须承认，看到一个可爱的小女孩从他人的观察中退却，喜欢倾听而不是交谈时，我真的为她着迷。女孩们在没有良好理解力的情况下也可能会有这种表现。如果情况果真如此的话，胆怯倒可以使其不至招惹麻烦。

保护孩子不接受错误印象是父母的职责所在。至于偏见，我们最初的观念是名副其实的"偏见"，因为我们只有在意见动摇时，才会动用理性审视偏见。然后，如果偏见被接受，它才会最终被称作我们自己的观念。

因此，一开始就应该鼓励孩子做的事包括：严格遵循真理，正确服从上级，对待下级屈尊以让。这是主要条款，但是也还有很多其他内容。和主要条款相比，其他内容微小琐碎，但也极为重要。看到孩子不断鞠躬、做鬼脸是很令人不快的。不应纵容他们粗鲁。应该让他们忙起来，可以为他们挑选些寓言和故事，以激发他们的好奇心。对自然之美的鉴赏力应该早早培养，很多有关动植物的事可以以有趣的方式加以解说。这是人人能力可及的纯粹快乐。

最重要的是教孩子把想法整合起来。对孩子而言，学会比较某些方面相似而在另一些方面不同的事物是非常有益的。我希望教导孩子去思考，思考的确是一种严格的训练。但不管是对头脑还是身体，最初开展训练时都应该本着让孩子愉快的目的。我并非想让孩子长时间思考,因为思考若不是从经验中产生,大多会荒诞不稽。

外在成就

所有那些仅能增加人的吸引力的成就,以及那些一知半解、无法提高智力的成就都可以归在这个标题下。"任何类型的一知半解都是危险的",它非但不能使人愉快,还会适得其反。

家长们大多手头有繁重的事务要处理,故而好以此为借口,忽视了教育孩子的艰巨任务。孩子们被送到学校,然而学校的收费是如此低廉,以至于那个负责照管孩子的人一定是在超负荷运转。如此一来,能传授的当然只是些教育中较为机械的部分。我认识一些孩子,他们能按所学顺序复述所学内容,但是一旦被带出老路,就会完全不知所措。如果理解力得不到锻炼,记忆力也会毫无用处。

女孩子会学些音乐、绘画和地理知识,但是所学不足以吸引其注意,无法成为一种思维活动。如果她们能为相识者演奏几首曲子,或者能在自己房间里挂上一两幅画(教师都已经画好大半了),那么余生她们都会想象自己是艺术家。能够完成一幅微不足道的风景画,或者能干点任何类似的事并不重要——这些只不过是细枝末节,何况她们得到的那种愚蠢、不加区别的赞扬只会令其心生虚荣。但是女孩如果喜欢艺术、渴望卓越,那么从这个角度考虑,不重要的东西也会变得至关重要。任何能使人在某种程度上独立于感官的东西,都是美德的支柱。有趣的工作必须首先占据头脑。正如对道德义务的关注会引向虔诚,任何人只要开始思考一个主题,势必就会转向另一个主题,新的想法就会涌入大脑。脑力将得到锻炼,而不是昏昏入睡,这将使人的性格变得多样。

只要不赋予其太大的重要性,跳舞和优雅的举止都能令人愉快。这些成就能将感官俘获,打开通往心灵的通道,但是缺少优良品质的坚实支撑,它们的优势是短暂的。

青春的活泼率性使得每一个年轻人都可以亲切一时,但是,当青春飞逝,理智仍然不能代替活泼的时候,年轻时的愚蠢就会再次上演。而且当事人还从来意识不到一个事实,那就是当年让她们高兴的事一旦过了季,就会让她们心生厌恶。看到一个额头已经被时光刻上皱纹的女人还在模仿十几岁女孩的举止,我觉得简直是荒谬至极。

我认为就当前这个话题而言,说说女人大多喜爱的那些琐碎谈话并不是不相关的。一般而言，女人好嘲笑。她们既然最重礼貌，那么在礼貌方面有所欠缺者，哪怕为人最值得尊敬，也难逃她们的嘲笑。有人把嘲笑当作对真理的自豪的检验。果真如此的话，我们女人应该进步神速才对。但我倾向于认为，女人太容易把这种才能发挥到自己对其完全丧失了认识的地步。嘲笑的对象应该是装腔作势，而非无知。即便是装腔作势，一些良善之人也会将其放过，而不是加以嘲笑。我们永远不应该给他人造成痛苦还不想补救。

即使获得的外在成就不能使其拥有者满意，甚至还妨碍了那人培养更为重要的能力，我们也仍然不能轻视这些成就。

举止做作

或许有人认为举止做作和外在修养大致等同，但我认为前者的范围大得多，且性质不同。前者由矫揉造作引起，后者似乎只是判断失误。

心灵的情感往往反映在面容和举止上。这些情感源自感性和美德时，会产生一种无法形容的愉悦。但是，复制面部表情容易，培养可使面部表情活跃的更美德行却很难。

多少人像外表刷白了的坟墓，只重外在！然而，如果我们太急于获得世界的认可，肯定会常常丧失对自己的认可。

谦卑产生的谦逊的温柔是多么迷人，做作的模仿又是多么软弱暗淡！那种让我们对所有人都彬彬有礼的温柔举止，那种让我们不愿意得罪任何一个人，还愿意努力取悦每一个人的仁慈，有时会被上流社会模仿，然而那种模仿真是别扭！有些人于任何场合滥用最热情的表白，对人不加区分，对每个人都滥施尊重，而原本只有德行才配得到尊重。不，这种喜爱是装出来的。至少在心里没有喜爱的光芒闪耀时，就借语言一用。礼貌可以针对所有人，但是尊重或敬佩却绝不能在心中无感时嘴上还硬说出来。

正如谦卑使人的面容最为悦目，诚恳也会使朴实的举止格外动人。让人看到本来面目的女人永远不会被人认为是做作。她不热衷于角色扮演，她的努力不是为了掩饰自身的缺点，而是为了纠正缺点。她的脸当然是美的，那是一种只有关注头脑才能获得的美。一个人只要不蠢不恶，就不会真的丑，我从未见过这样的丑人，但是我却见过最美的容颜因为愤怒和邪恶而扭曲。诚然，初见时标致的容貌会给人留下深刻印象，但是只有井然有序的头脑才会使面部表情发生变化，才会给人留下持久印象。

感情如果假装会非常可笑。即使真有感情，也不应刻意展示。是真情自会流露，但是当我们把感情推到前台，硬要引起他人注意时，很明显虚荣心已经在和悲伤抗衡了，当事人在乎的只是表面好看。让礼貌发自内心，同时无须掩饰内心的真情实感。

仅能装饰门面的东西很快就会被人忽视。人没有内在的支持，会很难承受漠视。

在这个不确定的世界里，找到不会遭破坏的支撑无比重要。它能给人的举止以尊严，它表明人可以不仅仅依靠同类的掌声而获得安慰和满足。

着　装

有很多能文者早已对我们女性身上这个独特的缺点发表过看法了。我们还被要求避免着装上的两个极端，以及坚持清洁，"因为身体的纯洁可以给心灵以充满同情的帮助"。

迄今为止，女人把太多时间花在穿衣打扮上。着装是一种外在成就，但我选择单独对其进行思考。心灵被身体隐藏，身体又被布料遮挡。我不喜欢看到一幅画的画框太过耀眼，以至于吸引了眼球，分散了注意力。衣服应该装饰人,而不是与人竞争。它可以简单、优雅、合体而不贵,也可以无视可笑的时尚,避免奇装异服。服饰之美(我这么说是会引起惊诧的)在于它绝不过分显眼,也不因不自然的突起而扭曲或隐藏人体。如果穿衣者仔细研究过饰品,脸上就会流露一副自我感觉衣冠楚楚的样子。这种低劣的骄傲当然不会给脸庞带来多少崇高感。

"内心丰富,口才能言。"衣着怎能提供谈吐呢?它当然无法提升谁,或者娱乐谁。

它还会引发嫉妒,会让女人为了一点微不足道的优越感而竞争,让男人瞧不起。

狡诈是为了弄钱,但这钱大半会被挥霍掉。如果把钱存起来用于慈善,很多贫困家庭的痛苦可以得到纾解,陷入这种悲惨境地的女子的心境也能软化。

衣着打扮这一条目下可以包括所有的美容水,化妆品,奥林匹亚花露水,东方草药,液体花朵和颜料,它们能使尼侬①的脸鲜活,能应对时间的挑战。这些数量

---

① 疑为法国名妓尼侬(Ninon de l'Enclos,1620-1705),"尼侬"是"安娜"在法语中的昵称。她所主持的沙龙吸引了法国十七世纪最著名的文学和政治人物,戏剧家莫里哀是她的崇拜者,伏尔泰的父亲(一位法律公证人)曾为晚年的她打理事务,她则在遗嘱中写明要给年轻的伏尔泰留钱买书。

众多的必备品的广告风格荒谬,但是售卖得很快,明显反映了那些对其表示支持的女性的理解力状况。我猜花露水和草药是无害的,但是不知道颜料是否也如此。白色当然对健康非常不利,而且永远无法模拟自然;红色让脸上的表情逊色;谦虚、友爱或者其他发自内心的情感所散发的美丽光芒也会永远消失不见。这样的脸不是"一张被心灵照亮的脸"。"心灵暴露后,身体也就没了魅力",可是事实恰好相反。如果一个男人被脸吸引,娶了一个伪装的女人,他在婚后可能不会对她的真实模样满意。化了妆的脸可能打动访客,但一定会令家里相熟的朋友反感。由此可以得出一个明显的推论:寄居在如此做作的身体里的那个人不会接受真理的支配。胭脂可以使眼睛生动,但是这样的虚假活力并非最精妙的那种。女性为了吸引爱慕的眼光而装扮自己,便无法使我们对其心灵的纯洁形成最有利的看法。

我忘了在种种骗术中提到发粉。遗憾的是,发粉的使用如此普遍。五官最美的装饰[指头发]被掩盖了,它能给人的面容带来的层次感也就消失了。一般说来,每个人的头发颜色都与其肤色匹配,都能衬托肤色。但是用红、黄、蓝色的发粉敷发是多么荒谬啊!展示了多么虚假的品位!

润发油的使用量经常大到令人生厌的地步。我们嘲笑霍屯督人①，但是在某些事上，又和他们的风俗别无二致。

朴素的着装和不做作的举止应该相辅相成。它们要求人给予尊重，且会得到有品位之人的赞赏，即使得不到这样人的爱。

艺　术

音乐和绘画，以及很多其他精巧的艺术，如今其完善度都已大大提高，且提供了最理性最微妙的乐趣。

年轻人是否喜欢音乐和绘画是很容易发现的。如果喜欢，就不要让这种爱好休眠。上天仁慈地赐予了这份品位，这是巨大的福气。但是，就像所有其他福气一样，它可能会被扭曲，然而它的内在价值却不会因扭曲而降低。如果自然在这方面对年轻人吝啬小气，那就劝年轻人保持沉默，如果没有感觉到欢喜，就不要假装欢喜，因为再没有什么比作假更可笑的了。

音乐方面，我更喜欢表现而非表演。当我被忧愁

---

① "霍屯督"是欧洲人对居住在南非好望角地区科伊科伊部落的称呼，该词常见于欧洲十八世纪作品中，意思是最原始、最野蛮的人类，后也可泛指任何不文明的族群。

折磨,一些朴素曲调的简单旋律常常能抚慰我的精神。亨德尔某些作品中崇高的和谐曾将我从深深的忧郁中提升,使我超脱于悲伤忧愁的小小一幕,冥想那作为一切丰饶之源的上帝。

人必须有理智、品位和感性,才能使音乐有趣。手指的灵巧舞动可能引发惊奇,但不会带来喜悦。

至于绘画,那些不去观察自然之美,甚至也不欣赏自然之美的人是不会真正被绘画迷住的。

如果一个人喜欢追寻激情的影响,喜欢观察激情赋予人脸的各种表情,那么他会乐意看到画布上展示的人物,并融入其精神。但是假若这个人没有读过"自然之书",他的赞美就会显得幼稚。

如果一个女孩富于活泼的幻想,幻想类的作品就会非常有趣。但是如果她让别人干了大部分工作,却想独占功劳,那就不要鼓励她。

写作可以算是门艺术,而且我相信是门非常有用的艺术。风格尤其值得注意。年轻人很容易用言语代替感情,用华丽的辞藻包裹低微的思想。治愈这个毛病需要勤勉和时间,勤勉和时间也确实经常可以治愈。应该引导孩子们写信,想点办法让他们把感想写下来,还要说服他们用自己的话把读过的故事讲出来。良好的写作能力对我们生活中的世俗利益至关重要,对我们的思想则更加重要,因为它教会一个人整理和消化思想。此外,它还是构成理性和优雅的谈话的唯一真正的基础。

阅读和以上提到的种种艺术都可以填补时间,防止年轻人迷失于放浪。放浪不仅损耗精力,还经常导致交友不慎。当习惯固定下来,性格也在某种程度上成形了,此时再进入繁忙的俗世不仅不危险,反而大有裨益。如果一个人追求的不是赞美而是进步,他会在不知不觉中获得知识,提高品位。因为自恋者很少注意观察外物。

阅　读

有一个古老但非常正确的观点:人的头脑必须利用起来。应该早早培养对阅读,或者对任何一门艺术的爱好。善于反省者知道,脑子里有点资源而不必完全依赖感官去找事做、找乐趣是多么重要。人如果不幸只能依靠感官,头脑就只好屈从于卑鄙——常常还有邪恶,才能满足感官的要求。最聪明和最优秀的人受感官的影响太大。征服感官的努力如果无法获得理性和美德的认可,就会成为人生中很严重的一种斗争。如此一来,那些一切听凭感官、做事充满算计、只为达到世俗目的的人又有什么可以依靠呢?

如果人们阅读不仅仅是为了记住词句,或者借用某著名作家的话来说,不仅仅是为了零售他们并不理解或者感受不到的情操,而是为了提高理解力而寻找养料,那么阅读就是最理性的志业。有见识的书籍能够开阔头脑,提升心灵,尽管有些人读了书会"变得自命不凡,那是自然赋予愚人的角色"。

不应该在形成判断之前,至少不应在行使判断之前就去读那些错误叙述人类激情以及各式各样的人生意外的作品。这些故事是造成年轻女性装腔作势的一大原因。它们描述、赞美感性,还用一种非常不自然的方式表现其效果,以至于那些模仿这种感性的人一定会使自己显得非常可笑。养成了虚假的品位,看了这些肤浅的表演后,再读理智的书只会叫人觉得枯燥无味。而肤浅的表演只要能使头脑不断发酵,就完全达到了目的。风流成了小说家唯一有趣的主题,因此阅读也常常联手,共同使小说家美丽的崇拜者们[指女性读者]变得卑微渺小。

我不想推荐抽象或严肃的书。我们的语言中有很多寓教于乐的书,《冒险家》就是这样一本。我提到这本书是因为它的寓言很美,故事感人。类似的书很容易挑选。只有在光彩夺目的幻想为其加以解说的时候,理性那打动人的力量才最强。散落各处的情感可以被观察到,当这些情感得到欣赏,头脑也开始运转时,才可以为自己选书,此时万事万物才会生发教益。

尽管谦逊可能使人不敢说出自己的想法,可我仍然希望每个人都试着对作家形成自己的看法。很多人渴望获得品位不凡的名声,以至于只赞美那些成就无可争辩的作家。我听腻了弥尔顿的崇高,蒲柏的优雅和谐,还有莎士比亚的天才是夐夐独造等陈词滥调。做出这些草率评价的人对自然一无所知,无法进入这些作家的精神,也不理解他们。

无知者最爱把华丽的文体当成好文章。很多句子尽管"声如雷鸣",但是含义空洞,却仍受到颂扬。另外一些句子没有任何优点,只是结尾优美、富有音乐性,就也得到了赞赏。

神学书籍不是为年轻人准备的,在宗教方面最好的教育方法是以身作则。读圣经尤其应当心怀尊重,何况不应把如此神圣的经典当作指导年轻人阅读的例子,以免年轻人将其当成任务,而它原本应该是满足感最崇高的源泉。

可以说,我建议先将头脑放到适当的序列里,然后任其发展。固定的规则无法制定,因为规则必须取决于理解力的性质和程度。对此善加观察者最能判断什么样的培养方式可以提高理解力。头脑固然可以被培养,它真正的力量也可以被发现,但它不是,也不能由教师创造。

即使没有智力上的享受,青春的活跃劲头也会让时间溜走。但是一时的新奇消失后,人会痛感智力享受的缺乏,而且任何其他东西都无法填补这种空白。头脑被限制在身体里,只能沉溺于肉欲。它无事可做,只能供养身体,包括"吃什么,喝什么,穿什么"。

各种文雅都可以被挑剔,说它们增加了我们的烦忧,但是相反的结果也一定可以由此产生。品位和思想能打开很多欢乐的源泉,这些源泉并不取决于财富。

忙于智力的提高不能成为忽视家庭责任的充分借口,我无法想象发展脑力与照顾家庭是不兼容的。女人既可以做有见识男子的伴侣和朋友,也知道如何照顾这男子的家人。

寄宿学校

如果母亲有闲暇和理智,且不止有一个女儿,我认为她最好自己教育女儿。但是由于众多的家庭原因，有时候有必要将女儿从家中送走，寄宿学校就此被选定。必须承认，我认为所有学校都太讲究礼节了。事情的本质决定了不得不如此，因为学校的声誉取决于此，大多数人能够形成判断的对象也在于此。然而学生的性情被忽视了。所有人都学一样的课程，有些人习得了一星半点她们永远无力理解的东西。女孩在学校彻底学会的东西很少，但却感染了很多愚行，其中就包括对衣着打扮的过度热爱。

让女人准备好日后履行妻子和母亲的重要职责，这当然是人生早期就应该考虑的目标。然而人们考虑最多的却是才艺。一般而言，才艺以及无所不能的美貌最能赢得人心。又因为美貌只有在失去后才会让人想要维护，才艺就成了最重要的东西。一位明智的女教师无法专注于照管众多学生的头脑。多年来她可能一直在努力谋生，当幸运之神对她微笑，她不能失去为养老储蓄的机会，因此她会继续扩大办学规模，以期积累能力，最终达成目标。对家庭的关注不可能成为她工作的一部分，她也不可能经常和学生进行恰当的谈话。不合适的书会被偷偷引进，一两个坏孩子的坏榜样也会在游戏时间里影响其他孩子。教师唤起学生的感激和温柔的方式和母爱将其唤起的方式并不相同。性情温和的女孩可能会遭受很多不幸，温柔的父母却可以保护她免遭这些痛苦。我不想去争辩什么恩德，但是如果母亲愿意花时间和心思教授孩子美德，那么学习美德的最佳场所是家里。如果做母亲的没有时间，她就应该把孩子送到学校。这是因为那些不善于管理孩子、又没有多少财产的人，必定会经常把孩子交给仆人。如此一来，孩子就会处于危险之中，因为他们可能面临更大的堕落。

脾气秉性

孩子性情的养成应该是家长或老师的首要任务以及不断思考的内容。因为平心而论，生活中有一半的痛苦源于易怒或者控制欲强的暴虐性情。天性柔弱者或者那些被宗教塑造得性情神圣之人，会为了和平而让步。然而，这种让步损害了这些人的家庭舒适感，阻碍了情感的流动。他们努力忍耐，但是努力永远都是痛苦的。

控制脾气确实是我们一辈子的事。在这方面若能早日走上正轨，一定会对我们大有裨益。事实上，当理性获得一定力量后，她会有堆积如山的垃圾要清理，又或者她会尽其所能为愚蠢和激情的错误开脱，而不是将其铲除。

经常注意控制脾气的人会变得温柔谦卑。人在任何场合都应该注意控制脾气，这么做不是为了"给别人看"。温顺的精神来自良好的判断力和决心，不应该将其与懒惰、胆怯混为一谈，后两者是头脑的弱点，经常冒充善良的本性。对父母或丈夫不怀信念就盲目服从的女人也会对仆人无端施暴，因为奴性的恐惧和暴虐是相生相伴的。实际上有时候即使是最优秀的人也可能甚至一定会心生怨恨，然而谦卑很快就会征服怨恨，将不屑和蔑视转化为怜悯，并赶走草率的骄傲。这种骄傲总在保护自身不受他人的侮辱，会在最微不足道的场合被点燃，它不接纳上级，甚至平级。常伴这种脾气左右的是一种胆怯的尴尬，它来自无知，通常被称为羞怯。但是我认为对它不值得如此高看。真正的谦卑并非与生俱来，而是像其他一切美好品质一样，必须经过后天的培养。对错误行为和错误观点的反思，会使谦卑深深铭刻于我们的脑海，尤其是在失败和错误成为我们痛苦的根源时。自己的愚蠢引发的痛苦会让我们记住这些愚蠢。

很少有人审视自己的内心，或者反省自己的脾气，尽管他们会严厉指责别人，认为错的总是别人。我现在倾向于认为世上没有一种脾气是不需要纠正的，当然也没有一种脾气不需要注意。那些被称为"好脾气"的人其实经常是轻浮、懒散、麻木之人。然而，由于他们交往的圈子很少会对一个不仅不争，而且还会对侮辱一笑置之的人感到不快，因此后者会自认为讨人喜欢，实际上他们只不过是不讨厌而已。而脾气热烈的人太容易被激怒。"好脾气"需要鞭子，热烈者需要缰绳。身心健康通常必须通过耐心的自我克制和不愉快的操作来获得。

如果对人灌输神的存在，并且持续灌输下去，直到在人的心目中建立起某种习惯性的崇敬，那么神的存在就会阻止人发怒，或者不让人爆发出牢骚满腹的嘲笑。这两个东西腐蚀了我们内心的平静，使我们痛苦不堪，还无法求得任何怜悯。

全能者［指上帝］的智慧给万物规定了秩序，他让一个因产生很多果。我们在观察别人的思想，塑造他们的脾气时，也在不知不觉中纠正自己的思想和脾气。我们对同类所做的每一件善事都是对我们自己最本质的服务。积极的美德使我们适合更高尚的社会。我们被告知，我们对人类的爱证明我们有能力爱我们的造物主。事实上，在我看来，这种神圣的爱，或者说仁慈，似乎是时至今日在我们身上所剩不多的神的显赫形象的主要特征。这形象最初印在灵魂上，日后必将更新。琐碎的忧虑和众多卑小的弱点不仅会折磨我们自己，还会折磨他人，而高尚的视野会使头脑超越所有这些忧虑和弱点。我们的性情会逐渐好转，而虚荣心这个"使人臣服"的东西，也不会获得完整的统治权。

但是我已经离题了。在性情这个重要方面，明智的父母只能管教孩子，以身作则却可以最好地贯彻教导。

不过，小心别培养出伪君子。被压制的火焰因为曾经被压制，一旦燃烧起来势头更猛。不要指望自己去做所有的事，经验一定会帮助你。你只能打基础，或者防止坏毛病变成习惯。

女性的不幸处境，受过时髦教育，却一文不名

迄今为止，我所提到的只是那些父母会为其安排好生活的女性。可是还有很多受过良好教育，或者至少受过时髦教育的女性没有钱。她们但凡还留有一丝敏感，常常只能单身。

谋生的方式很少，即使有也非常丢人。或是给某个有钱的老亲戚做个卑微的伴侣，或是和暴虐到无法忍受

的陌生人一起生活，后者更糟。因为就连亲戚都无法忍受和这样的人一起生活，哪怕能从这样的人那里继承一点钱。这样一个谋生者必须度过多少痛苦的时光，真是无法计数。她的地位处于仆人之上，却被仆人视为间谍。她和社会地位高于自己的人谈话时，永远都被提示着自身的卑微。如果她不能屈尊逢迎，就不可能受人欢迎。如果有访客注意到她，而她一时忘了自己的从属地位，也一定会有人提醒她。

她对不友善有着痛苦的意识，对每一件事都很敏感。很多挖苦的话也许不是对她说的，却被她听到了耳朵里。她孤身一人，被排除在平等和自信之外。埋藏的焦虑损害了她的体质，因为她必须面带愉悦，否则就会被解雇。在这种约束状态下，虽然依附于同类的反复无常是事出必要，但这仍然是一种无比痛苦的矫正。如果能回避它，我们会很乐意。

学校里的教师只是一种上等仆人，她们做的工作比卑微的仆人还多。

教小女孩的家庭女教师同样叫人嫌厌。她们十有八九遇到的都是蛮不讲理的母亲。这样的主母不断找碴，以证明自己并非无知。如果学生没有进步，主母会生气。可是如果教师采取适当的方法让学生取得了进步，主母还是会生气。孩子们对家庭教师不仅不尊重，还经常傲慢无礼。生命就在这当中消逝了，灵魂也随之而去。"当青春和热情的岁月不再时"，她们将无可依靠。或许，在某些极不寻常的情况下，她们能得到一小笔津贴，这已经是雇主大发善心了。

剩下几种职业现在正逐渐落入男人之手，当然也不是什么体面职业。

一个喜欢文雅社会的人很难和俗人混迹一处，也很难在受到不同眼光看待时，还能屈尊和从前处于同一地位的人勉力相处。兜头而来的是多么讨厌、多么令人心碎的认识啊！我是指对这个世界的自私和堕落的看法。因为，除此之外，获得的每一种知识都是快乐的源泉，尽管它有可能带来短暂的不便。这样一位女性遭到的蔑视是多么刻薄啊！一颗年轻的心环顾四周寻找爱情和友谊，爱情和友谊却从贫穷的身边飞走。如果你穷，就不要指望还有什么爱情和友谊！穷人的心只能沉入卑微，好让自己适应新的状态，或者敢于不快乐。然而，我认为没有一个喜欢思考的人会为了避免不幸而放弃他们获得的经验和进步。相反，当我们没有遭受命运的直接压力时，我们会满怀感激地将经验和进步视为生命中最美好的祝福之一。

一颗充满感性的心会多么认真地寻找无私的友谊，又是多么渴望和没有杂质的善良相遇啊。当命运微笑时，心灵拥抱它喜爱的错觉，但是别去梦想这就是它要找的东西。彩云易逝，场景突变，心中留下了多么痛苦的空虚！那是一个只有宗教才能填补的空虚，但是很少会有人寻求这种内在的慰藉！

　　一个只有美丽、没有情操的女人可能会被诱惑，而一个有点情操的女人却又无法避免痛苦的屈辱。以前相熟的男子，现在却总要她矜持以待，这不是件愉快的事。然而，如果她对男人托付真心，十有八九又会上当受骗。很少有男人会认真考虑娶一个地位低于自己的女人。即使男人有足够的荣誉感，不会想要利用一个爱他的女人的天真的温柔，不在意他们之间地位的悬殊，他也无法保证不会骗她。女人只有到了期待男人娶她，给她幸福的时候，才会最终明白真相。和依附于人的不独立状态相比，婚姻似乎很能令女人愉快。但是失望很严重，心灵受了伤，还是那种不大容易痊愈的伤，因为错过的善没有按照它真正的价值得到估算。幻想绘制了图画，悲伤则不断悲伤下去。

　　如果父母们读到我这些话，还在漫不经心、不切实际，还只担心女儿是否受到了良好教育，那就让他们想想自己给女儿带来了怎样的痛苦吧,因为我丝毫没有过分渲染这幅图画。

虽然我警告父母们不要让自家女儿遭受如此多的痛苦,但是一个青年女子即使身陷痛苦,也不应该感到不满。对那些寻求超越自己存在的这个婴儿期的人而言,善最终会从万事万物中产生。在这方面,清白良心的安慰是我们唯一稳定的依靠。我们活着的主要任务就是学做一个有道德的人,而训练我们获得不朽幸福的上帝最清楚什么样的考验能让我们获得道德。我们的隐忍和进步将使我们在自己和上帝的眼中都得到尊敬,而上帝的认可是比生命本身更有价值的东西。诚然,患难带来痛苦,但是我们宁肯不喝那苦药,哪怕我们深信其功效对我们最有益。如此一来,全能的上帝就来充当我们慈祥的父母了,他管教我们,在我们可能受伤害时不放纵我们。他是慈悲的化身,既达到了纠正的目的,还从来不伤害人,只是治愈人。

爱　情

我认为没有一件事像爱情这样经不住推敲,也没法为其制定不偏不倚的规则。在这方面,环境一定在很大程度上支配了行为,然而谁又能审判自己的案件呢?

也许人在开始考虑这个问题之前，就已经在通过激情这种媒介看待事物了，还常常错将激情的建议当作理性的建议。除此之外，我们没法用其他办法来解释我们每天都有机会观察到的诸多荒谬的配对。在这方面，即使是最明智的男女也会犯错。各种原因引发恋爱，或是想用一个人取代另一个人，或是由于某种意外只好将就一个人。很多人发现自己卷入一场关乎荣誉的恋爱中，而他们原本只是想用一种有趣的方式打发沉重的时间，或是想在另一个人心里激起嫉妒罢了。

既然激情可能使我们盲目不见，就这个主题写点什么就成了一项艰巨的任务。在感情的匆忙驱使下，我们很容易把那些仅仅产生于我们局部经验的东西当成普遍准则。要为一个人在激情的直接影响下设定行动的规则并不容易，受到虚荣心的驱使，为了满足虚荣心而采取模棱两可的行为来欺骗他人当然也很不可取。卖弄风骚的男人和女人一样多，这些男人对社会的危害更大，因为他们活动范围更广，还不像女人那样容易受到世人的指责。一声压抑的叹息，一个沮丧的表情，以及很多其他的小伎俩都可能会给一个真诚、天真的女人带来极大痛苦，尽管她无法怨恨或者抱怨这种伤害。这种小事我认为比善变不忠更加不可原谅。为什么是这样？

道理很明显，我不必指出。

有理智、善反省的人反而最容易产生强烈而持久的激情，并为激情所困，而且他们不会为了眼前的快乐而做出那些日后回想起来令他们感到困惑和遗憾的事。若将罪恶感排除在外的话，也许一颗精致的心所能感受到的痛苦，莫过于意识到自己爱上了一个理性不认可的人。我相信事情通常都是如此，要么根除激情，要么就让不断的宽容和借口伤害心灵，削弱对美德的尊重。没有尊重的爱会很快失效，或者导致堕落。相反，当一个值得尊敬的人成为爱的目标时，爱会成为进步的最大动力，会对举止和性情产生极大影响。我们要时刻把爱一个人的理性基础牢记在心，以便能在感到厌恶或怨恨的时候回想起它们来，然后习惯性地对厌恶和怨恨加以克制，从而避免很多破坏家庭安宁的小纠纷。只要女人爱的是一个理智、良善之人，即便这人可能和她理想中的样子还有些差距，她也没理由不快乐。

我不认为爱情是不可抗拒，或者是不可征服的，远非如此。"如果软弱女子误入歧途"，受谴责的应该是她自己，而非命运。坚决的努力几乎总能克服困难。我认识一个女人，她很早就对一个亲切的男子产生了感情，但也看到了他的缺点，那就是他没有确定的原则。

此外,他挥霍的倾向也迫使她克制住内心每一种仁慈的情感。她施加过影响,想要改造那男人,但是多年来的努力一直无果。最后她深信此人不可改变,决定不嫁给他,尽管她不得不因此而面对贫穷以及随之而来的各种不便。

小说家们有句流传甚广的格言,说爱只有一次,但在我看来,一颗能够接受印象并有辨别能力的心,一旦发现第一个对象不值得爱,就会转向另一个新的对象。我认为这是可行的,只要人把对善的尊重放在头脑中第一位,而且不认为完美的概念必须恒久不变。很多女士明明充满自我欣赏,满脑子都是自己如何优越、如何文雅,却会认为自己正在经历微妙的痛苦,正在为失恋而悲伤。为了满足自己当女英雄 / 女主角的愿望,她们自欺欺人,将痛苦的感情延长,超出了这份感情的自然进程。当命运的突然打击使我们失去所爱之人,我们可能不会轻易战胜这打击。然而当我们发现自己是被激情引入了歧途,是想象给这幅图画涂抹了浓墨重彩,我们却可以肯定,时间一定会将它从我们脑海中驱逐。由于我们不可能经常想到自己的愚蠢而不感到不快,因此我们会很快赶走这种思绪。习惯会和责任合作,宗教可以克服理性克服不了的障碍。但是文雅和浪漫却经常被混淆,引发此类不忠的感性也会产生相反的效果。

再也没有什么比柏拉图式恋爱更能破坏心灵平静的了。这种恋爱始于虚假的文雅,常常终于悲伤或内疚。相反的两极经常相遇,过度的美德有时会导致相反的恶行。我并非暗示男女之间不存在友谊,恰恰相反,我认为男女之间存在友谊。我只是想说,女人如果心无所属,就不该屈服于一个令她愉快的错觉,想象她会满足于她所崇拜的男人的友谊,并视之为人间万事之首。心是非常诡诈的,如果我们不警惕它最初的外溢,后来也会无法阻止它对不可能之事的渴望。如果男女在以通常方式结合的道路上有什么不可克服的障碍,那就尽量驱逐那种危险的温柔,否则它会破坏你的舒适,使你犯下许多错误。企图将自己放在超越人类的地位上是荒谬的。我们无法消灭激情,也没有必要这样做,有时候明智的做法是别离悬崖太近,以免在还不知道的时候就坠落下去。无论我们多么谨慎,都无法避免太多的烦恼和悲伤。因此,一个有智慧的表现就是享受阳光,它不会危及我们的清白,也不会导致我们的悔恨。爱情给人生的一切前景都镀上了一层金子。尽管它不是总能排除冷漠,却能使很多忧虑显得渺小。斯威夫特教长憎恨这个世界,只爱某些特定之人,然而骄傲①却与这些人抗衡。想要超越人类共同需求和欲望的愚蠢愿望使他特立独行,却不受人尊敬。为了满足自己的任性,他牺牲了一个亲切的女人②。假使他爱人如爱己,他原本可以使一些人从他的谈话中得到娱乐和提高,但是现在这些人都对他避而远之了。博爱是首要任务。我们应该小心,不要让激情占据我们的思想,妨碍我们实践仁爱。做过所有狂喜的梦之后,如果尘世的快乐没有了理性的支持,或者被过分依赖,这种快乐就不再能填充心灵或者支持心灵。激情的骚动会平息,甚至失望的痛苦也不会再被人感知。然而对恶人而言,有一条虫永远不死,那就是有罪的良心。而从隐忍中产生的平静的满足

---

① 此处所谓的"骄傲",疑为基督教的七宗罪之首,即不信神,不怀谦卑之心,对自己的地位没有清楚认识的罪过。所谓"骄傲与人抗衡",大概是说自大之心让斯威夫特连这些特定之人都不爱。

② 这个"亲切的女人"大概是艾思特·约翰逊(Esther Johnson, 1681-1728),斯威夫特(Jonathan Swift, 1667-1745)在为其所作的诗文中将其称为"斯黛拉"。斯黛拉六岁即与斯威夫特相识,斯威夫特曾指导她读书,教导她做人,二人关系很像是男性艺术家塑造女性人物的希腊神话母题的延续。从一七一九年到斯黛拉去世,每年斯黛拉生日,斯威夫特都会为其赋诗一首。他们关系密切,却从未结合。当然也有人认为他二人私下里已经秘密结婚,但此说证据不足。斯黛拉云世当晚,斯威夫特立刻为她写悼文,盛赞她的品德、勇气、美貌和判断力。

感却可以使悲伤神圣,并给美德以尊严。这种满足感尽管无法描述,却可以在某种程度上被努力行走在通往幸福之路上的人获得,哪怕这条路狭窄难行,遍布荆棘。

婚　姻

在我看来,早婚阻断进步。如果我们生来只是为了"汲取营养、繁殖和腐烂",那么越早实现人生目标越好。但是,既然还处于尘世之中的女性被允许拥有灵魂,那么灵魂就应该受到关注。一般而言,女性在年轻时会为了结婚而努力讨好男性,这种努力唤起她所有的力量。即使她受到的教育还不错,那也只是打了一个基础,因为头脑不会很快成熟,也不应该在养成任何习惯之前就被家庭的烦忧所困扰。激情对判断的影响太大,不应让它在婚姻这个最重要的事情上左右女性。我知道很多女孩二十岁之前就嫁了人,但是如果让她过些年再做选择,她是会拒绝这个男人的。若教育被忽视,只要有时间反思,也有经验可以反思,心灵会去自我完善。然而,如果女人还没来得及思考,或者在发现婚姻不幸前就已经被迫结了婚,她的心灵还怎么可能完善得了?不,即使女人此时幸运地找到了好丈夫,她也不会对其价值形成正确的认识。她会认为他与小说里描述的恋人差得太多,知识的缺乏会令她时不时地厌恶丈夫。此时的错,错在人性。

当女人的思想有了一些力量,她可能会比女孩更加注意自己的行为。如果她能认真思考,她会选择一个有原则的男人作为伴侣。而这也许是年轻人没有充分注意到,也觉得没有必要的东西。如果一个有感情的女人不得不让孩子远离父亲的陪伴,以免那个做父亲的言谈伤害到孩子的道德,她会非常难过。此外,把艰巨的教育任务整个都交给她也不可行。关注孩子的教育一定令她厌烦,因为生活中的魅力是如此之多,其中的快乐也并非全不合理。何况很多女孩也只是才上完寄宿学校就被安置在了一家之首的位置上。她们到底有多适合理家,我让明智的人自己判断。自己都还没走出童年状态,她们又怎么能提高孩子的理解力呢?

婚姻中常常缺少的还有礼貌的尊严和恰当的矜持。人在过分熟悉后,伴随而来的总是轻蔑。女人婚前时常拘谨,婚后却认为自己可以忘乎所以地大肆恩爱,并将其一股脑倾倒在她们可怜的丈夫身上。她们自以为有合法的权利得到丈夫的爱,于是不再努力取悦他。良好的判断力会产生一千种无法名状的端庄,只要心不堕落,发自内心的真诚的尊重也会抵达另一颗心。我已经知道,一个女人可以只接受爱抚,而不给予爱抚,这样就足够了。她应该分清宠爱和温柔。温柔是生活中最甜的酒,但是就像所有其他甜酒一样,它应该留待特定场合才开启饮用。比如在疾病使精神沮丧,或是在精神迷失于悲伤时,温柔能使人振奋。感性则是最好的指导。有些敏感细腻的道德情操永远无法被指出或描述。它们虽深埋心底,却使痛苦的时刻可堪忍受。

女人应当有一种得体的自尊,好使她不至于轻易忘掉那些有意的冒犯,但是她也不能太轻易就对任何一点冷淡心怀怨恨。我们对事物的感受不可能总是相同,所有人的脾气秉性都会在没有充分理由的情况下发生改变。

必须经常用理性填补生活的真空,可是有太多女性任由理性沉入睡眠。要想驳倒她们,常常只需一点嘲弄和巧妙的表达方式,但这些无法使她们信服。她们会为赢得温柔耍些花招,即使这样做会使她们输了尊重。

有人说女人是弱者,这个弱点给她们带来了很多痛苦。男人在某些方面优势相当明显。男人的理解力但凡还过得去,就有机会得到培养。他们被迫看到人性的本来面目,而不是停留在自己想象的画面上。我敢肯定,没有什么比被迫与世界作斗争更能激发人的才智了,但这不是一个已婚妇女的领域。她的活动范围不大,如果再不教她审视自己的内心,她的消遣和追求将注定变得微不足道!小伎俩会占据她的头脑,使她变得心胸狭隘。"狡猾填补了理智的巨大空白",那些不能改善心灵和理解力的忧虑吸引了她的注意。她会理所当然地成为幼稚的愤怒以及愚蠢的善变的牺牲品,这使她显得无足重轻,而非恶毒。

环境舒适的时候,使女人满意的一个必要条件是她必须有教养;而环境悲惨时,教养又成了女人唯一的安慰。如果一个聪慧敏感的女人,由于某种奇怪的意外或错误,不幸跟傻瓜或者畜生结合在了一起,其视野又局限于眼前的情形,那么她一定会比所有的不幸都更加不幸。这样一来,智识的提高就会变得非常重要,因为我们此刻的舒适和今后的幸福都取决于它。

应该有确定的宗教原则。当心灵无法从其他方面获得帮助时,不要任由它在痛苦中波动。当我们被剥夺最珍视的希望,枉信一切都在为我们的利益而努力的信念几乎不能产生隐忍和顺从。我无法想象没有宗教信念的人如何能得到满足。我宁可相信这样的人会求助于某些世俗的支持,从而陷入愚蠢——如果不是邪恶——的境地。因为女人如果不信教,一点文雅只会将她引向浪漫的荒野。不，更有甚者，没有宗教就没有真正的情操，或许还没有其他能够抑制激情的有效之法。

随　想

既然每一种家庭事务和关切都是女性的职责所在，那么为了履职尽责，女人应该研究其中的各个部分才对。家庭中没有什么比学点医学知识更有用的了，这足以使主妇成为精明的护士。很多人有明智的医生为其治疗，却因为少了护士而功败垂成。因为有时候，温柔没有了判断力，就会弊大于利。

无知的人认为医学实践中有一些非常神秘的东西。他们期待药物能像魔咒一样管用，却对疾病的发展和危机一无所知。他们觉得让病人保持低体温似乎很残忍，还忽略各种疗法。病人哪怕发烧得厉害，他们仍是不听劝，坚持给病人吃发物。他们说："一个人没有营养怎么好得起来？"

精神也应当同时得到抚慰。事实上，每当精神沉沦，先抚慰总是比先讲理强。松弛的神经无法用言语提振。当精神因忧愁而烦恼，或者被悲伤压迫，它就无法在瞬间平静下来，无法听从理智的声音。

圣保罗说:"凡管教的事,当时不觉得快乐,反觉得愁苦。后来却为那经练过的人,结出平安的果子,就是义。"①从使徒的这些话,以及圣经的很多其他章节都可以清楚地看出,要教会我们真正的智慧,苦难是必要的。然而,尽管信念如此,尽管明知喝下去会有助于净化心灵,人们还是宁愿不去饮这杯苦酒。创造我们的上帝一定知道什么是对我们的终极利益有益的东西,然而一切仍是痛苦。心在失去它的爱物时跳得剧烈,舌头也会打结,很难对神的意志表示同意——如果这意志和我们自己的意志恰好背道而驰。因此,对人类的弱点当给予应有的宽容,不快乐之人也应该被视为同情而非责备的对象。然而,安慰性的建议经常以一种截然相反的方式给出,它不是往伤口上倒油或酒,而是有意让不幸之人相信自己既软弱又不快乐。我很乐意想象悲伤和隐忍并非互不相容,宗教固然不能使一些失望变得令人愉快,可是它能在我们因失望而痛苦时阻止我们抱怨。如果我们的理智与情感总能协调一致,我们在这世上的历程就不能算是一场战争,信仰也不再是一种美德。正是我们喜欢看不见的东西,而非看得见的东西,才说明我们

---

① 语出《圣经新约·希伯来书》12:11。

是希望的继承者。

我们依靠至高者的圣言,坚信今生所受的苦难必将带来更伟大更永恒的荣耀,然而苦难就是苦难,虽然是暂时的,却必须是痛苦的。

只悲伤而不存希望的人,和仰望天堂的人之间的区别,并不在于一个比另一个的感受更多,因为二者感受到的可能都是一样的沮丧,区别在于后者想到自律会带来和平的果实,因此会耐心服从。

我几乎已经讲起道来了,但我不会为此道歉。任何能使我们变得富有同情心和坚毅的东西都很重要。当我们被关进病室,这两种品质都很必要。生命中的不幸何其之多,大多数人可能都是在死亡袭击朋友时,看到死亡所有恐怖的模样。然而,即使真到了那时,我们也必须施展友谊,设法安慰那正在离去的灵魂。

失望产生的益处

大多数女人缺乏品格,大多数男人也如此。正义的观点和高尚的激情突然涌现,我们忘情地沉溺于这些品质所产生的爱和仰慕,却不知道它们其实是完全不同的东西。反省使我们养成习惯,还将原则不可磨灭地烙印在我们心里。没有了反省,心灵就像一片残骸,会被每一次掀起的狂风吹来打去。我们最看重的激情很快就能压倒其他一切,这样一来,我们就有能力提升自己的良好性情,并在某种程度上建立起一种品格,使其不再依赖于各种偶然的冲动。相信真理,却不按真理的标准感受或行动是常有之事。眼前的快乐驱使一切,于是逆境被仁慈地送到我们面前,强迫我们思考。

在逆境这所学校里,我们学习知识,也学习美德。可是我们哀叹命运多艰,沉湎于失望,却从不认为自己任性的头脑和矛盾龃龉的心灵需要这些必要的矫正。药品不会发给健康人。

有一句很著名的话,说我们的愿望不能满足我们的愿望。我们所能遭遇的最大失望就是我们最珍视的愿望得到了满足,我常想这也许可以作为一句格言写下来。真理有时候并不令人愉快。我们回避它,沉迷于幻想。如果我们不是处于被考验的状态,那就不妨把乌云加厚,而不是将其驱散。

有些人以观察道德之美为乐,当他们被迫观看罪行和愚蠢时,即使自己永远都不会受伤,灵魂也会得病。这样的心胸感受到的悲伤实在是多!他们是真正的人类,能在每个方面感动同类,还会因感动而激动。普遍人性指出我们所处地位的那些重要职责,可是感性

（一种本能，因反思而得到加强）却只能教给人无数微小的事物，这些事或带来痛苦，或带来快乐。

一个仁慈的头脑往往比它同情的对象遭受的痛苦还要多，而且它会为了保护另一个头脑而承受不便。尽管它渴求完美（它的养成似乎专门就是为了膜拜完美），它也能宽容失败。那位一切善的创造者不断管自己叫长期受苦的神，能践行忍耐的人和他最相像。爱和同情是灵魂中最令人愉快的感觉，将其施于所有能呼吸的人之上是仁慈之心的愿望。和忘恩负义、自私自利作斗争会使我们有种难以言表的气恼；同时，我们对自己弱点的感知固然有益，却并不使我们愉快。因此，在我们寻找幸福时，我们会遭遇烦恼。如果我们在一切亲切的激情中，选择时不时地屈从于温柔，品尝起快乐，我们的头脑就会因超出了通常的状态而陷入冷漠。然而我们之所以被创造，不就是为了享受幸福吗！可是除非激情接受理性的支配，而且理性须得到启蒙和改进，否则激情就不会对幸福做出太大贡献。然后，待到幸福来临时，叹息必将终止，所有的眼泪都会被上帝擦去，立于上帝面前的人们必将充满喜乐。

一个心有柔情之人一定会对某些东西情有独钟，也一定会感到失望。然而，尽管人有弱点，还是必须情有所钟。因为如果心不是因为希望或恐惧而不停跳动,它就会陷入前面提到的那种可怕状态。

我经常听人嘲笑这件事:当一个人对今生失望时,他会转向来世。可是没有什么比这个过渡更为自然的了。在我看来,既然天意安排,让我们发现今生的不圆满,天意就应该迫使我们考虑去一个更好的地方。

对待仆人

管理仆人是女人工作中的重要组成部分,她自己的脾气在很大程度上取决于她对仆人的态度。

一般说来,仆人是狡猾无知的。我们若想正确对待仆人,就必须考虑仆人的性格,不断实行克制。可以用对待儿童的办法对待仆人。要前后一致,没有正当理由决不挑毛病。有问题时要积极面对,但是不要生气。不太专注于琐事的人不会因为一个小小的家庭灾难就心神不宁,一个有思想的人也很容易原谅那些因缺乏反思和教育而造成的错误。我见过全家的安宁都被某个琐碎的、让人气恼的意外事件搅扰的例子,他们把好几个小时的时间花在对某个错误的无谓指责上,而这个错误要不是因为产生了不良后果,是永远不会被人认为是错误的。判断失误或意外事故不应该受到严厉谴责。

从经验中获益，而非哀叹无法挽回的罪恶才是智慧的明证。

仁慈之人一定希望看到周围的人都活得舒服自在，他还会努力使自己成为令周围人舒服自在的源泉。我知道教育造成的巨大差异会让我们不愿意因为待仆人平等就想让他们与我们亲近起来，然而，如果我们希望家里的仆人能关切我们的利益，能对我们本人产生感情，我们就必须表现出仁慈。仆人不知所措时，主人能面带微笑，乐意提供建议；仆人陷入困境时，主人能被看成是朋友和恩人……这些都是很愉快的事。诚然，我们经常会遇到忘恩负义的人和事，但这不应该令我们感到灰心。天堂的甘霖滋润着大地，而不管那地属于不配之人，还是属于正义之人。我们应该在仆人生病时照顾他们，我们在一些事上的高明判断经常能减轻仆人的痛苦。

最重要的是，我们应该为仆人树立好榜样。因为仆人的缘故，我们应该参加宗教仪式，因为仆人们要么对宗教仪式抱有迷信般的尊崇，要么干脆忽视仪式。我们不应该动摇最卑微之人的信仰，更不应屈从于他们的偏见，因为他们的宗教观念过分被偏见左右，他们很难将这二者区分。我们本想拔掉稗子，结果却可能连麦子也一齐连根拔起了。

一个在厨房里任性发怒的女人,在丈夫回家后,也不可能轻易抚平眉头。不,那做丈夫的可能不仅会看到愤怒的皱纹,还会间接听说争吵的经过。我曾听一位绅士说,听到妻子为这样的事争辩,任何男人都会心碎。从事重要事务的男人会认为这些事比实际上更加微不足道,因为我们做任何一件事的热情都会增加那件事本身的重要性,而如果我们不参与其中,就会认为那事毫不重要。

女孩对待仆人通常好走极端,或过分亲近,或过分傲慢。事实上,亲近经常滋生傲慢,作为对放肆所制造的麻烦的制约。

我们没法让仆人变得明智或可靠,但是我们可以教给他们体面和秩序,因为秩序可以产生某种程度的道德。

守安息日

上帝明智地命令守第七天,使这天变得神圣,这一制度有两个目的:一是使身体得到休息,二是将心灵从过于急切的此生追求的阴影中解脱出来,因为这片阴影恐怕常常会使未来的前景黯淡,使我们的心固着于尘俗。我相信,尊重这项法令对民众的宗教信仰至关重要。普通人对这一点的信念如此深沉,对他们而言,去教堂和信宗教几乎是同义词。他们深陷于感官欲念之中,如果不经常用这一天提醒他们,很快就会忘了这世上还有上帝。为了保持宗教的活力,有些形式是必要的。没有了这些形式,宗教很快就会衰弱,乃至消亡。

不幸的是,对于守安息日,人们要么怀着清教徒般的精确,使其变得非常烦人,要么就会迷失在放荡和轻率中。这两种方式无论哪种都会对孩子和仆人的思想造成很大伤害。因为对待孩子和仆人既不应过分放纵,也不可限制太严。最重要的是,不应该让孩子和仆人看到父母或主人沉溺于被普遍认为是错误的事情上。我完全清楚仆人对于玩牌的痴迷。他们只要星期天打牌,思想就会受到损伤,善与恶之间的屏障也会在某种程度上被打破。习惯于体力劳动的仆人,如果不对其加以温和的约束,为其找到某些替代品,他们就会陷入像体力劳动一样劳累的乐趣中去。

如此密切地关注家庭,可能会令很多人不悦。但是过了一段时间,责任就会变得愉快起来,以这种方式处置的激情也会逐渐接受理性的支配。我的意思是不要僵化,我们在履职尽责中遇到的障碍不会触动那些理论家。我也知道，在行动的时刻，即使是最四平八稳的人也经常会被眼前的冲动冲昏头脑。要想区分理智的指令和激情的指令，我们还需要经验。真相很少在喧嚣止息前显现，而当喧嚣褪去，我们会如梦初醒。当我们审视自己干下的事，感到这是多么愚蠢的时候，我们可能会诉诸理性，问它：你怎么睡着了？然而，尽管人会被激情引入歧途，甚至会在最痛苦的悔改后故态复萌，但是人也不应该绝望，应该努力重新走上正轨，培养有助于自己的习惯。

我从来都不知道在那些严重违背安息日的家庭里会有多少社会美德。

原则不定的不幸

如果我们想在友谊或社会中寻求安慰，就必须与那些在宗教方面有确定原则的人交往。因为经验反复告诉我，没有了这些原则，即便是最光辉的品质也会不稳定、不可靠。

我常常感到惊讶，很少有人审视他们所信奉的宗教的信条，或是通过信仰成为基督徒。他们没有可以停泊的锚，也没有确定的海图指引他们在人生可疑的航程上行进。这样一来，他们怎么还能指望找到"安息的港湾"？但是他们不去想这一点，也没法指望他们放弃眼前的好处。高尚的行为必然产生于高尚的思想和观点。人如果局限于今生，必将变得卑躬屈膝。

在永恒的幸福的应许方面，信仰只会让我们在与激情交战时增加获胜之机。很多人不注意启示，也许还有更多人对启示根本没有确定的信仰。安慰这个可靠的词被忽视了。可是没有了安慰，人还怎么活，我几乎无法想象。就像太阳更新自然面貌，将黑暗从世上赶走一样，安慰对心灵也起着同样的作用，而且是一种更大的祝福。即使其他一切都失败了，它还能启发人、振作人。

真正认识到我们的软弱，是使我们成为最广泛意义上的基督徒的办法。在种种软弱的重压下感到压抑的心灵只能在福音的应许中寻求安慰。福音提供的帮助必然能使谦卑的灵魂复活，对已经做出的赎罪的讲述也可以为人提供合理的理由，让人在希望中安处，直至美德的劳苦结束，信仰无须再在任何东西上施展。

眼下在青年人当中，做个自然神论者成了时尚。很多人让不恰当的书籍在怀疑之海里四处漂荡——那不是一片确定的大陆，而是一片没有尽头的海，漂泊的理性不受限制，只有一条线索可以防止它在无休止的探寻中迷失，那就是理性。的确，理性是天堂在人心中点亮的一盏灯。人在不完全依赖理性的情况下，也许可以放心地相信理性。但是当理性自以为发现了自己范畴以外的东西，它一定会过分延伸，陷入荒谬。一些猜测徒劳，另一些猜测有害，因为它们滋生骄傲，使头脑转向本不该去探究的主题。我们应该心怀爱和敬畏去想那至高无上、驻于永恒之中的神，而不要说创造我们的神必须如何存在。然而不幸的是，人或是已经沉沦，变得像畜生一样不动脑筋，或是通过思考变得骄傲无比，经常把自己想象成高人一等的存在！我在这里指的并不是深奥的思想家们的怀疑，而是年轻人在一起时，有时还有年轻女子在场时，为了使后者惊讶于自己超群的智慧而炫耀的粗俗观念！对不习惯于思考的人而言，没有什么比以嘲弄的方式表达怀疑更危险的事了。这些人当然会坚持怀疑下去，但是他们永远也不会深入到解决怀疑的地步。怀疑可能不会影响他们的行为，然而对世界的恐惧阻止了他们犯下恶行，他们的思想却没有受到限制，因此应该勤勉地观察他们的思想，"因为人生的问题就产生于此"。应该培养对是非的细微感觉，这样不但大恶可免，连一切小的卑鄙也都可免了。真理必在心里作王，怜悯也必眷顾他。

我真同情那些还没有形成确定原则就迈进这个世

界的年轻女性，我很乐意说服她们对原则进行一点调查。虽然人在快乐时，也许不觉得自己在这方面有所匮乏，但是当痛苦来临时，人又能逃向何处寻求帮助呢？即使有了原则的支持，生活仍是一场需要耐心的劳作、一场冲突，而我们最大限度的收获却只是一小点平静，一种带着警惕、还有可能不断受到干扰的平静。

"那就抑制每一种激情，不管你多珍视它；

"相信我，温柔的也是最严厉的。

"守护你哲理的安逸，趁它还属于你的时候，

"不求其他喜乐，只求道德的安宁带来的喜乐；

"它是对命运掀起的风暴的蔑视：

"高尚的喜乐只为更高的境界。"

汤姆森。①

仁　爱

这种最早也是最可亲的美德，常常出现在后来变得自私的年轻人身上，对他人诡计的了解是这些人实践同样诡计的借口。他们曾经被人骗过，或者发现自己善待

①　指苏格兰诗人詹姆士·汤姆森（James Thomson，1700-1748），他是彭斯之前苏格兰最重要的诗人。此处所选来自他一七三八年所作的一首题为"致萨福克郡斯特拉迪肖尔教区默多克牧师"的诗。

的对象不值得善待,于是再有人试图打动他们情感的时候,"假冒"这个令人生畏的词就会立刻驱散同情,使科学哑口无言。我并非要把仁爱局限于施舍,尽管施舍是仁爱非常实在的一部分。信仰、希望和仁爱应该伴随我们走过这个世界。信仰和希望会在我们死的时候率先离开,但是仁爱将会永驻我们心中,是我们忠实的室友。我们不应该让自私掐灭天堂的火花。我们要是这么做了,还怎么能指望这火花会在灵魂脱离肉体、为爱的王国做准备时复活?宽容大方是成熟的美德。在每件事上都应该以积极的方式教育孩子,孩子自己的经验只能在事后教会其辨别和宽容,因此进入孩子活动范围内的是仁爱的较低层次,但是不应该让这一层次沉睡。应该鼓励孩子把一部分零用钱拿出来做施舍之用,还应该不断追溯他们短暂的怜悯情绪,直至使其养成习惯。

我知道一个小孩。在她很小的时候,如果她把钱花在了买蛋糕上,再遇到穷人时,她会坐下来哭泣。这种情况发生过一两次,每次都会使她痛苦流泪,直到最后这孩子抵制住了诱惑,把钱存了下来。

我认为对女孩而言,给她们点零用钱买衣服是个好办法。做母亲的可以毫不刻意地观察到女儿如何花钱,并据此指导她们。通过这些办法,女孩们可以了解到钱的价值,会被迫想出对策来。这个节俭的练习课优于所有可以想到的理论。有固定的零用钱也能使女孩们成为真正意义上的慈善之人,因为她们可以用自己的钱做慈善。通过不给自己买小饰品,料理自己的分内之事,她们可能会增加用于慈善的款项。

这一类生动的原则还能克服懒惰,因为我知道有人既浪费又吝啬。浪费是为了给自己省去麻烦,别人却只能感受到他们的吝啬,这样倒也达到了平衡。

女人往往只把爱和慈善局限于家庭。她们不会把道德义务放在内心的首要位置,也不会使感情让位于责任。可是我们应该对所有人都心怀善意,对任何个人的爱不应该诱使我们违背这个首要职责,我们也不应该为了促进一个我们碰巧更为偏向之人的利益而牺牲掉其他人的利益。父母有困难,我们应该赡养,即使这会妨碍我们为自己的孩子存一大笔钱。更何况如果父母和孩子同时处于困境,我们应该首先履行更为优先的义务。

仁爱还包括如何对待动物。很多孩子肆无忌惮地虐待动物,不论遇到什么虫子都随意折磨或杀死,还觉得好玩,尽管这些虫子不会伤害到他们。我相信,如果有人给他们讲动物的故事,让他们对动物的幸福和习性感兴趣,他们是会温柔对待动物的,而现实是他们认为人是造物中唯一重要的东西。我有一次把艾迪生先生对蚂蚁的描述改编成了适合孩子理解的故事，并因此阻止了一个女孩杀蚂蚁玩。从那以后，她小心不再踩踏蚂蚁，以免给整个社区带来麻烦。

昆虫和动物的故事首先应该唤起孩子的激情，锻炼孩子的人性，然后他们才能升华为人，并从人的层面仰望造物主。

玩　牌

牌戏成了上流社会年轻人和长者常见的娱乐，甚至我可以说是职业。梳妆打扮累了以后，青春正好的女孩们被安排上了牌桌，由此唤起了最令人不悦的激情。贪婪并不等待白发和皱纹，而是刻画着本应沉醉于爱和优雅的容颜。本应花在提升头脑上的时间，或是应该在天真的欢笑中度过的时间，就这样虚掷了。如果赌注不够大，不足以引发激情，时间会在无聊中丧失，还会使人养成一种习惯，日后或许会导致严重的伤害。更不用说赌博了，很多人下的注已经超出他们输得起的程度，这会让他们脾气变坏。各处的闲人和无知者拿纸牌当避难所，这些人在玩牌中消耗生命，靠希望和恐惧的喧嚣让自己不活跃的灵魂保持清醒。

他们不知道,当感官的快感发腻时,

为了用更精致的快乐填补慵懒的空当;

那些不为人知的让灵魂燃烧的力量,

就抓住了每根神经,在全身上下震颤。①

这当然是他们最爱的娱乐。沉默、愚蠢的注意力似乎是玩牌时的必要,而且许多时候,玩牌者还会要些小伎俩。这些伎俩贬损人格,即使是在最好的情况下也会使人格变得卑下。当然,没有什么比允许女孩养成玩牌的爱好更为荒谬的事了。年轻时的想象力异常活跃,新奇使每一个场景都充满魅力,快乐几乎不请自来,柔软的心灵和温暖的感情很容易就被锻造。年轻人不缺这些资源,即使是可敬和明智之人在看待生活时,有时也会觉得这些资源必不可少,因为生活令人不满意,快乐也无法预期。还因为他们知道,当他们近距离观察生活时,快乐就会消失。青春是活跃的季节,不应该在无精打采中迷失。应该获取知识,还应该鼓励那种值得称赞的雄心壮志。即使是激情的错误也可以产生有用的经

---

① 语出英国作家奥利弗·哥尔德史密斯(Oliver Goldsmith, 1728-1774)的诗《旅行者,或社会的前景》(*The Traveller; Or, A Prospect of Society*, 1764)。

验,拓展人的能力,教年轻人认识自己的心。最闪亮的能力,最亲切的心灵,都需要文化和适当环境的滋养,这些因素不仅可以助其提高成熟度,还可以保护其不受堕落恶行的影响和不良榜样的传染。

戏　剧

一般认为戏剧所能提供的娱乐最为理性,对有教养之人而言的确如此。然而,不成熟者却可能从戏里学会装腔作势。很多我们欣赏的悲剧充斥太多情绪宣泄和虚假的激情展示。女主人公经常一悲伤就是十年、二十年,可是这份悲伤却没能使她面色苍白。她仍然在引发每一个旁观者最强烈的激情,她自己的激情也不肯屈服于时间。激情的显著特征很容易被复制,但是更微妙的触感却被忽略了。当考狄利娅听到她父亲说"我认为那位女士是我女儿"时①,她的震惊对我产生了不可估量

---

① 这是莎士比亚著名悲剧《李尔王》中的情节。李尔是古代不列颠国王,老迈昏庸,提出要根据三个女儿爱他的程度将国土分给她们。长女次女都用甜言蜜语哄骗老父,唯独小女儿考狄利娅说了实话。她说:我爱你只是按照我的名分,一分不多,一分不少,日后嫁人还要分给丈夫一半的爱。李尔一怒之下驱逐了小女儿,将她远嫁法国,将国土平分给了长女和次女,结果却被这两个不孝女驱赶到了荒郊野外。成为法兰西王后的三女儿率军救父,却被杀死,李尔抱着她的尸体在悲愤中疯狂而死。

的影响，但是我可以毫不动容地听卡莉斯塔描述她要住在洞穴里，"直至眼泪洗去她的罪恶"。①

主角们常常被要求超越于人性之上，或者沉沦于人性之下，这就造成了很多错误的结论。戏剧表演的主要用途应该在于教会我们辨别人物，可是如果仅仅停留在区分好人坏人上，我们又成了非常肤浅的观察者。我可以大胆猜测一下吗？我忍不住想，每个人都有些善良的火花，长期受难的仁慈天父给了人一个提升这朵火花的机会，但是人却有可能在停止呼吸前有意将这火花掐灭。

人对死亡的态度太过轻率。失望发生时，人会以某种程度的不耐烦求死，说明人没有考虑过生命的主要目的何在。对罪恶的可怕惩罚以及自然界的剧变经常暴露在公众视野中。直到最近我才有勇气看人在台上死去。死亡的时刻不是表现激情的时刻，我不认为在此刻

---

① 指英国剧作家尼古拉斯·罗（Nicholas Rowe, 1674-1718）的五幕家庭悲剧《美丽的忏悔者》（The Fair Penitent, 1703）。剧中女主人公卡莉斯塔被人发现通奸后自杀身亡。剧中还有个负心男子的形象影响了后来的小说家塞缪尔·理查逊（Samuel Richardson, 1689-1761）创作长篇小说《克拉丽莎》中的浪子洛夫莱斯（英文为 Lovelace，字面意思是"爱的蕾丝边"）。虽然《美丽的忏悔者》内容不深，但它是十八世纪最受欢迎的剧目之一，直到一八二五年都长演不衰。

表现激情是自然而然的。因为人在此刻的思想受到了极大的干扰，不会想到这个世界的琐碎、悲伤。尽管当前这个时代自诩拥有感性，但是舞台上的死亡对文雅的观众而言，似乎有着处决罪犯之于跟随罪犯来到刑场的暴民一般的效果。

山河破碎或者情人离去时，最坏的不道德感会灌输给观众，能够决定永恒命运的生命也会被抛弃。忍耐和顺从上天的意志，以及那些令我们对社会有益的美德，都不会在舞台上现身让眼睛看到，也无法引起令人吃惊的命运转折，然而这是最令庸人高兴的东西。尽管演员的表演得到称赞，那几乎令人感知不到的激情变化却没有得到足够的观察，而这正是莎士比亚描述得无比精微的东西。我认为很少有悲剧能让有见识者高兴，相反，有识者的情感一定会受到伤害。

处于幸福境地的年轻人很容易陷入虚构的困境。如果能得到智者的指导，他们的判断力就有可能随着心灵的融化而得到改善。然而，我不希望年轻人同情的对象仅仅是因爱而生的痛苦。如果他们能够有机会看看疾病和贫穷引起的复杂的痛苦，他们的感情也许会得到更有益的激发，他们会为乞丐而不是国王哭泣。

喜剧现在不像几年前那样被人诟病了，纯洁的耳朵也不常听到下流之事并被其震惊了。当愚蠢被指出，虚荣被嘲笑，事情可能正在向好的方向转变，舞台也许是嘲笑唯一有用的地方。

我所说的当然只适用于那些看戏的人，而不适用于那些去剧院展示自己和浪费时间的人。最无足轻重的娱乐也可以给思考的头脑提供指导，同时最理性的娱乐在遇到头脑空空者时也会完全失效。

对演员的评论常常很无聊。这是个时髦话题，也是乏味的话题。要想成为称职的评论者，需要很高的能力和对自然的了解。那些进入不了作者精神的人没有资格在这个问题上夸夸其谈。

公共场所

我把所有开放给各类人的地方都归在这个标题下。现下似乎有一种对享乐的狂热。在没有逆境让人收心的情况下，人会把一天的大部分时间花在准备和计划上，或者干脆就花在享乐上。孤独似乎令人难以忍受，家庭里的舒适也似乎非常愚蠢。尽管娱乐并不总能令人愉快，但是头脑已经衰弱，无法振作起来寻找其他替代品。人们养成了对穿衣打扮的过度爱好，很多时髦女人花了大半个晚上从一个地方跑到另一个地方，为的就是炫耀自己的服饰,重复老套的恭维话,竭力想要激起相识之人的嫉妒,把她们比下去。参与到这类场景中的女人往往花过多时间在衣着上,而这必将占据她们本应更好利用的思想。

在时髦女人身上,我们很少发现那些能使人性高贵的情感特点!如果说这样的时髦女人也有母性的温柔,那也只是孩子气的温柔。我们切不可涉此险地,在这方面我们再怎么小心都不为过。这样的女人年纪再长,在理解力上仍然只是个孩子。她对社会无甚用处,她的死几乎不会被人注意。

放荡导致贫穷。那些因外在优势而得到他人虚荣的掌声并靠此生活的人,将没有耐心忍受贫穷。外在优势是他们心中最重要的事,一旦他们被命运的逆转剥夺了这些外在优势,必然会受到虚假羞耻的折磨。

天真的年轻女孩第一次踏足这样的欢乐场面,会发现自己的精神亢奋无比。她要是不去观察参与这些场合的那类女性的行为,要是不受克制,就会经常迷失于这种欢乐中。随后就会有一系列痛苦的反思涌上她的心头,对世界是多么罪恶和愚蠢的确认也会过早强加在她心上。心不再是一个天堂,因为那里已经没有了纯真。罪恶留下的污渍毒害了每一种享受,而且做作固然遭人鄙视,传染性却极强。如果这些反思没有出现,倦怠就会在精力的极大消耗后随之而来,虚弱的心灵会被想象中的痛苦困扰。为了驱逐痛苦,女人不得不把制造了这种痛苦的东西当成治疗它的良方。

我们说娱乐放松头脑,娱乐也确实应该如此。然而,即使在放松时,我们也在养成习惯。一个勤于观察的头脑永远不会无所事事,它会在所有情况下都获得进步。我们的追求和快乐也应如此,一切都应该协调起来,以便使我们准备好进入一种纯洁和幸福的状态。在那种状态下,邪恶和愚蠢将不会毒害我们的快乐,我们的官能将会拓展开阔,它不会找错目标,我们再也不会"对着镜子观看,模糊不清,而是全知道,如同主知道我一样"。①

---

① 语出《圣经新约·哥林多前书》13:12。这一章是保罗说爱。名句"爱是恒久忍耐,又有恩慈;爱是不嫉妒;爱是不自夸,不张狂,不做害羞的事,不求自己的益处,不轻易发怒,不计算人的恶,不喜欢不义,只喜欢真理;凡事包容,凡事相信,凡事盼望,凡事忍耐。爱是永不止息"也出于此。

本事真迹

前　言

　　以下谈话和故事针对当前的社会现状而发,作者试图以理性为婴儿纠错,这些错误本不该在婴儿的头脑中扎根。在潜移默化中养成的良好习惯远胜过理性的清规戒律。然而,此项任务对判断力要求甚高,非平常父母所能为,因此系统的养生疗法若是可以更好地达成所愿,则替代品必须找到,药方也必须开出。我相信那些审视个人思想的人会欣然同意我的看法,即理性,哪怕只达到一定程度的成熟,也可以艰难地战胜既定习惯。如此一来,我们为何还要忍受让孩子束缚于桎梏之中?单凭他们尚未成形的能力还无法打破这桎梏。

　　写下这部作品时,我的目标是做到风格清晰简洁,尽量避免无意义的恭维。恭维话顺嘴一说,却和那些温暖心灵、激励行为的情感毫无关系。而正是借由这种虚假的礼貌,真诚才被牺牲,真理才被亵渎,它还必然教给人一股矫揉之风。真正的礼貌是琢磨后的光彩照人,而非表面那层清漆。它靠观察,而非训诫获得。我们可以举例说明:在岁月和空气赋予宝石特定的坚固,使其既能承受必要的摩擦,又不至破坏其主要物质时,人类才会想要打磨宝石。

最有用的教诲之法不是总被采用的;知识的传授应该按部就班,应该来自榜样而非说教;榜样直指感官,而感官又是通向心灵的第一个入口。改进这些理解工具[感官]应该成为教育的恒常目标,我们在这方面能力最强。然而,指望父母自身即可塑造孩子的激情是一种空想,因为当代人有自己与之抗争的激情,也有自己想要追求的挑剔的乐趣,于是忽略了自然本身的激情与乐趣。因此,我们必须把早熟的知识倾注到后代身上,并且在传授美德的同时解释恶习的本质。这是多么残酷的必然!

以下谈话既是为了帮助老师,也是为了帮助学生。这将排除一些人可能会有的反对意见,即这些感想与孩子的能力不太相称。每个孩子需要的疗法不同,但是作者只能择一而从,具体还得由那些真正从事青年研究的人加以修正。

这其中的思路显然是要把真理和人性的原则置于一个简单坚实的基础之上,并使宗教成为对感情而言活跃生动的指导,而非仅仅是对形式的关注。神学体系可能是复杂的,但是当那至高存在的特性被展示出来,且被当作宇宙之父、善的创造者和善的核心之时,儿童就可能会被引导着理解以下这一点：尊严和幸福必须来自对上帝的模仿。这一信念应该融入每一个灌输给孩子的义务之中，并成为其基础。

无论如何，当头脑获得了足够的力量，能讨论从中推导出道德寓意的论证时，以下为证明道德而写的故事就可能召唤道德。

导　论

玛丽和卡罗琳虽然出生于富家，婴儿时却完全交由仆人或其他同样无知的人照管。她们的母亲突然去世后，其父亲发现留她们在家麻烦甚多，就将其托付给一位近亲抚养，那是一位温柔、有见识的妇女。这位女士出于同情，被迫承担起这项重要职责。

玛丽已十四岁，卡罗琳也十二岁了，然而这对姐妹的无知相比其年龄实在令人羞耻。如果她们只是无知，抚育她们的任务倒也不至于如此艰巨，关键是她们还吸纳了庸俗人随意灌输给她们的一切偏见。为了消除这些偏见，用好习惯更替她们随意养成的恶习，梅森太太从不让她们离开自己的视线。她允许她们在任何场合提问。如果她能从一开始就按自己的方法教管她们——那是一套理性建议、经验也予以认可的方法，那么这个提问法原本可以不用。两姐妹的能力不差，可是玛丽天生爱嘲笑别人，卡罗琳则对自己的长相相当虚荣。她确实长得好看，人家当着她的面对她的美不假思索地大加赞扬，弄得她这么小就开始做作起来。

一

对待动物。蚂蚁。蜜蜂。善。云雀的巢穴。母驴与小驴。

玛丽和卡罗琳已经在新居安顿一段时间了，春天一个晴朗的早上，梅森太太提议在早饭前散散步，她想把这个习惯弄得有趣些，以便潜移默化地教化孩子。

太阳还未把悬挂在每片草叶上的露珠驱散，也还未把半开的花填满。每个情景都像在微笑，清新的空气令梅森太太心情愉快至极。但是孩子们并不关心周围的美景，她们只是急着追赶昆虫，想把它们消灭。梅森太太默不作声地观察着她们残酷的游戏，同时不想让她们发现她在观察。但是突然间她离开了人行道，走进长得很高的草地里。结果她的鞋扣被卡住，她努力挣脱，却把脚弄湿了。孩子们知道她不想这样，因为她最近才生了一场病。眼前的情形引起了姐妹俩的注意，她们忘了自己先前的乐趣，开口问梅森太太为什么要离开小路。梅森太太说这是为了避免踩到那些在狭窄人行道上爬行的蜗牛，玛丽听闻此言不禁笑了起来。她说，你不会认为杀死个蜗牛，或者杀死一些在地上爬的讨厌东西有什么不对吧？我讨厌它们，如果它们从我的衣服爬到我脖子上，我是会尖叫的！梅森太太非常严肃地质问玛丽怎么敢杀死任何动物，除非是为了不让它伤害到自己。随后梅森太太恢复了笑容，说道：我的孩子，大人忽视了对你的教育。现在让我们走一走，你要注意听我说的话，并且尽你所能给出最好的回答。卡罗琳，你也要加入我们的谈话。

你已经听说了上帝创造世界和世上所有居民的事。他被称作万物之父，万物都要快乐，因为它们是由一个善良、有智慧的神创造的。他创造了你藐视的蜗牛，还有毛毛虫和蜘蛛。当他创造这些东西的时候，他没有让它们去死，而是把它们放在了容易找到最合适的食物，从而养活自己的地方。它们活的时间不长，但是它们的父亲——也是你的父亲，却指示它们在自己找不到食物的时候，就把卵产在适合养育自己幼子的植物上。如果这样一个伟大而睿智的存在尚且留意为最卑贱的生物提供一切生存所需之物，你还敢仅仅因为觉得这个东西丑就杀死它吗？玛丽开始聚精会神地听，并且很快效仿梅森太太，让一只毛毛虫和一只蜘蛛爬到了她的手上。梅森太太接着说，你发现这些虫子无害，可是它们如果数量太多，就会破坏我们的水果蔬菜，因此我们允许鸟类吃掉它们，就像我们也会吃掉兽类一样。春天的时候，虫子的数量总是比一年中其他季节多，因为它们要为幼虫提供食物。玛丽半信半疑地说，可是虫子在这个世界上是微不足道的呀。然而，梅森太太回答说，上帝关心它们，给它们提供了一切必要之物，使它们生活舒适。你经常惹麻烦，我比你强壮，但我并不杀死你。

再看看那些蚂蚁，它们在那边的山丘里有一个小居所。它们会为了自己的幼仔往那儿运送食物，寒冷的天气里它们会在那儿睡得很舒服。蜜蜂也有自己舒适的城镇，当花儿凋谢，冰雪覆盖大地，它们会储存蜂蜜养活自己。这预先的安排和你所拥有的任何品质一样，都是上帝的恩赐。

你知道善这个词的意思吗？我看你不愿意回答。我来告诉你。首先，要避免伤害任何东西；其次，要尽量给人快乐。如果需要消灭一些昆虫，好使花园不致荒芜，我会用最快的办法完成这件事。我饲养家畜，给它们提供最好的食物，从不让它们受折磨。这种谨慎来自两个动机：一是希望它们快乐；二是由于我爱我的同类甚于爱兽类，因此我不会让那些我能影响得到的人习惯于行事轻率和残忍，以至他们无法享受生活中的最大乐趣，那就是通过行善模仿上帝。

这时，一只云雀高飞，开始唱歌。孩子们看着它的动作，听着它朴实的旋律，想知道它在想什么——很快她们就可以断定它是在想自己的孩子。因为当它飞过树篱飞向近前的时候，她们听到了幼鸟叽叽喳喳的叫声。很快，两只老鸟共同起飞，想要觅食以满足自己那群羽翼几乎已经丰满的幼鸟的渴望。这时，一个无聊的男孩借了把枪，朝着鸟开枪——鸟坠落下来。男孩还没来得及捡起受伤的鸟，就认出了梅森太太。他知道梅森太太一定会严厉训斥他，就跑走了。梅森太太和两个小女孩走上前来，发现一只鸟伤得不重，另一只雄鸟断了一条腿，两只翅膀也都碎了，小眼睛好似瞪出了眼眶，真是疼得要命。孩子们把目光转向别处。看看它吧，梅森太太说，难道你们看不出它比你们得了天花还要难受吗？你们那会儿有人悉心照料。把雌鸟捡起来，我要把它的翅膀绑在一起，或许它还能痊愈。至于雄鸟，虽然我不想杀死任何东西，但是我必须让它摆脱痛苦，因为让它保持现状太残忍了。为了不让我自己感到不愉快，我应该允许这只可怜的鸟一点点死去，并且管这种做法叫温柔，可实际上这只是自私或软弱。她一边说，一边把脚压在雄鸟的头上，同时转过脸去。

她们继续朝前走。这时卡罗琳说，失去父母的雏鸟会死吧。她们走近树篱，雌鸟开始在她手里振翅。尽管这个可怜的小东西已经飞不起来了，但是她还是想飞。姑娘们异口同声恳求梅森太太让她们把这窝雏鸟也带回去，放在笼子里，给它们提供食物，看看鸟妈妈能不能跳来跳去地喂小鸟吃食。于是雌鸟和雏鸟很快就都包到了玛丽的手帕里，只留了一个小口透气。卡罗琳不停地往手帕里窥视，想看看鸟的样子。梅森太太说，我允许你们带走这窝鸟，因为这次意外使它们变得无助，否则我们不应该把它们关起来。

她们还没走到下一块地，就又遇到一个男孩，手里捧着一窝雏鸟，还在他旁边的一棵树上看到了一只雌鸟。那雌鸟忘了自己天生胆怯，正在追赶那个捣蛋鬼。女孩们听到雌鸟清晰而痛苦的鸣叫，心里第一次感受到人道的情感。卡罗琳叫住那男孩，从自己的小钱包里掏出六便士换那窝雏鸟，并请他说明鸟窝原来的位置。男孩同意了，卡罗琳于是跑去把鸟窝放回原处，并且一路

布莱克插画：

瞧，多好的早晨啊！昆虫和鸟兽都在享受生活

哭着说,老鸟找回自己的孩子该多高兴啊。她们谈论着鸟妈妈将会感到的快乐,接着来到一片很大的公地前,这时她们听到几头小驴正在一间棚舍前发出异常可怕的叫声。原来梅森太太先前命人把母驴关起来,先给她一些生病的邻人留出所需的奶,再给小驴哺乳。可是母驴挤完了通常数量的奶以后,轻率的男仆却仍将它们关在棚子里,剩下那几头小驴徒劳地在棚外恳求得到自然为它们提供的食物。梅森太太说,打开门,母亲们还有足够的奶水满足自己的孩子。门开了,她们三人看到小驴跑去吃奶。

现在,梅森太太说,我们要回去吃早饭了。把你们的手给我,我的小姑娘们,今天早上你们做得很好,表现得很有理智。瞧,多好的早晨啊!昆虫和鸟兽都在享受这甜蜜的一天。感谢上帝让你们看到此情此景,并且赋予了你们理解力,教你们知道应该通过行善来模仿上帝。其他生物只想到活命,人类却可以通过修养头脑和扩展心灵来使自己的本性高尚起来。人类能感受到无私的爱。每种造物都为美德提供了锻炼机会,而美德永远是快乐的真正源泉。

二

对待动物。动物和人的区别。狗的亲情。残忍受到惩罚。

早饭后,梅森太太给孩子们讲特里默太太的《神奇故事》①。话题仍然转到了动物,以及那些对待动物不当的人的恣睢残暴上。小女孩们急于表达她们的憎恶之情,请求今后允许她们喂鸡。梅森太太答应了她们,但是附加了一个条件,那就是必须定期喂,经常喂。你在等待食物的时候,学会了耐心,她补充说,你可以提要求,但是那些无助的动物没法抱怨。乡下人常说,你怎么能虐待一头可怜的哑巴牲口?她恰当地强调了"哑巴"这个词,因为在那些不注意观察动物的表情和姿势的人看来,动物确实又哑又蠢②。但是关照一切的上帝

---

① 指英国女作家萨拉·特里默(Sarah Trimmer, 1741-1810)所著《知更鸟:为教导儿童如何对待动物所设计》(*The Robins Designed for the Instruction of Children Regarding Their Treatment of Animals*)一书。特里默是当时英国最著名的儿童文学作家,此书是她最著名的作品。自一七八六年初版问世至第一次世界大战期间,此书从未绝版。从大约一八二〇年起,书名简称为《知更鸟的故事》(*The History of the Robins*)或《知更鸟》(*The Robins*)。

② 在英文中,"愚蠢"(dumb)一词也有"哑巴"之意。

懂得它们的语言,卡罗琳也懂!因为今天早上,在那个轻率的男孩不顾雌鸟的痛苦鸣叫而偷走鸟巢的时候,卡罗琳急切地跑去把鸟巢放回了原处。

玛丽打断了梅森太太的话,问她昆虫和兽类是不是并非不如人。梅森太太回答说,当然,人也不如天使,但是我们有理由相信,那些崇高的天使乐意为我们做好事。你们在一本书中听过——虽然我还不许你们读这本书,因为你们还不到理解它的年龄——天使在天上向上帝歌唱荣耀的时候,他们希望地上享有和平,以此来证明他们对人的善意。凡是传递给人的喜讯,天使都宣告了。"天使"这个词的本来意思就是使者。为了取悦上帝,我们必须行善,因为我们的幸福取决于能否让他高兴。我们所说的美德可以这样解释:我们做一切仁爱之事,以使我们今生享受舒适,并为死后成为天使做准备。我们获得了人类的美德后,就会在我们父亲的王国里获得更高尚的任命。但是在天使和人类之间存在比人类和兽类之间更大的相似性,因为天使和人类都有能力改善自身。

你今天看到的鸟无法改善自身,或者说鸟的改善只是为了保护自身。尽管它们飞来飞去,一定看到过更美(即便不是更方便)的巢,可是它们第一次筑的巢和最后一次筑的巢也还是完全一样。而且,假如鸟有理性,它们可能会在自己的住宅形式中展示一些类似个人品位的东西,但事实并非如此。你们看见雌鸟把胸前的羽毛扯下来为自己的卵筑巢,你们还看见它用喙敲打麦子,喂食幼鸟,自己却一颗也不吞咽,直到幼鸟吃饱为止。然后她会用翅膀把幼鸟盖上,看管自己照顾的对象,显得非常高兴的样子。如果有任何东西靠近鸟巢,她会随时准备挺身而出保护幼鸟,不惜牺牲自己的生命。然而,两周以后,你会看到同一只雌鸟不让羽翼渐丰的小鸟靠近玉米,她已经忘了自己那份似乎比自然的第一冲动[指觅食]还要强烈的母爱。

　　动物没有来自理性的情感,不能行善,也不能获得美德。我在它们身上观察到的每一种爱和冲动,都像是我们人类的次等情感。这些东西是否出现完全不取决于意志,而是自然发生。爱和冲动的植入似乎是为了保存物种,为了使个体对实际发生的仁慈心存感激。如果你爱抚和喂养动物,它们会像孩子一样爱你,但是它们不知道为什么爱。我们在它们身上看不到想象力和智慧。而且,对能在根本上提升人类的东西,对友谊和献身精神,它们似乎根本无法形成概念。友谊建立在知识和美德的基础上,这是人类的收获,献身则是为永恒做的一项准备。如果我们一边向上帝祈祷,一边又不努力模仿他随时随地向我们展示、供我们模仿的完美,以使我们自身变得更好更幸福,我们其实是在侮辱他。

孩子们急切地询问梅森太太,她们怎么做才能证明自己比兽类更优越? 答案很简单,就是要心地善良,用你们卓越的天赋抵挡无法预见的邪恶。孩子行善的对象只有动物,因为成年人的能力优于孩子。她们温柔的朋友补充说,当我还是个孩子的时候,我总是把喂养我家周围所有哑巴动物的任务当成学习和乐趣。能对它们中任何一个有用,我都会高兴。这项职责使得我心地善良,因为心像蜡一样,能印上对一切东西的印象。从那时起,上帝把我变成了一个行善的工具,我一直都对他人有用。我从不肆意践踏昆虫,从不漠视不会说话的野兽的哀鸣。我现在可以给饥饿者面包,给病痛者药物,给受苦者安慰。最重要的是,我正在准备使你们适合与天使以及好上加好之人为伍,你们要永远活着。我告诉过你们,今生是一条路,通向更美好的来生,今生是为来生所做的准备。如果我们受苦,我们会变得更加谦卑睿智。但是动物没有这种优势,人类不应该阻止动物享受它们所能享受到的所有幸福。

母猫和母狗都有很强的亲子之情。如果你把它们的幼崽带走，那就几乎等于要了它们的命。如果全部幼崽都被带走，有些母猫或者母狗会悲伤致死，尽管它们看起来并不像是遭受了多大损失的样子。

曾经有只母狗，它的幼崽被人全部带走，淹死在了附近一条河里。母狗却把小狗全部找出来，一个个叼回来，放到它残酷的主人的脚下。它沉默着、痛苦着，悲哀地看了小狗一会儿，再把视线转向那个毁灭者，然后它就死了！

我自己也认识一个心肠冷硬的人，喜欢折磨他能控制的每一只动物。我曾经见他让两只豚鼠从瓦片堆成的斜坡上滚下来，为的是看豚鼠会不会摔死。它们死了吗？卡罗琳叫道。当然，不过它们还是死了的好，否则他还会找别的办法折磨它们。他当了父亲后，不但不教育孩子，不给孩子树立好榜样，还折磨孩子，并且用这个办法教会孩子残忍，结果待到他年老体弱，孩子们都不理他，任他穷困而死。

现在你们可以喂鸟去了，同时记得把那些散乱的花绑到花园篱笆上。晚饭后，如果天气还很晴朗，我们会去树林里散步，到时候我会让你们看看石灰石山上的一个洞，山的内脏（我们是这么叫的）是石灰的，可怜的疯子罗宾①和他的狗就住在那里。

三

对待动物。疯子罗宾的故事。关在巴士底狱的人。

到了下午，孩子们蹦跳着跑过公地上的矮草，沿着山的阴影一直走到一个地势崎岖处，这里有小溪涌出。溪水顺山坡流下，与阻挡它前进的巨石搏斗，发出潺潺声，打破了山间肃穆的寂静，但是这声音并没有令人不快。小溪很快消失在附近一片树林里，孩子们把目光转向山上青藤蔓生的破败一侧。梅森太太指了指一个小山洞，她让孩子们坐在树桩上，开始讲她答应要讲的那个故事。

过去那个山洞里住过一个穷人，名叫疯子罗宾。此人年轻时非常勤劳，娶了一个给我父亲干活的挤奶女佣，那女的配得上这么好的丈夫。他们在一起过了一段相当舒适的生活，每天的劳动能挣来当天的面包。但是罗宾觉得他可能会有很多孩子，就借

---

① 罗宾是 Robin 的音译，而 robin 除了做人名，最常见的意思就是"知更鸟"，所以相比上文特里默的《知更鸟的故事》，以下故事可以说是沃斯通克拉夫特的《知更鸟的故事》。

了一点钱,再加上他们夫妻之前为人干活时积攒下来的一点微薄的薪资,在附近租了一个小农场。那时候我还是个孩子。

十或十二年后,我听说有一个看起来很无害的疯子在小溪边堆了很多石头。他会涉水到河里捡石头,身后还跟着一条杂种狗。他经常管这狗叫"我的杰克",甚至"我的南希",然后喃喃自语道,你不会离开我的,我们会和猫头鹰一起住在青藤里。藤蔓里确实住着一些猫头鹰。他把涉水捡的石头放到洞口,只留下够他爬进去的空间。一些邻居看脸终于想起了他是谁,我也派人打听是什么不幸把他弄到了如此可悲的地步。

我尽量简短地告诉你们我从不同人那里得到的信息。

他有好几个孩子还在婴儿期就夭折了。在他回乡的两年前,不幸更是接踵而至,直到他被各种倒霉事积累起来的重负压垮。他因为种种意外,长期拖欠地主的钱。地主见他是个老实人,又在努力养家糊口,就没有为难他。可是正当他的妻子就要分娩他们最后一个孩子的时候,地主本人也要咽气了,地主的继承人于是派人来没收他的财产以充租金。先前借钱给他的那个人看到所有东西都没了,很是恼火,立刻逮捕了他,赶着把他送进了监狱,让他什么钱也没能给家人留下。他可怜的妻子见不得孩子挨饿,还没等自己体力恢复,就努力干活养孩子,不想受了凉。因为疏忽大意,加上营养不良,她的病演变成腐败热。两个孩子也从她身上染了这种病,和她一起死了。只剩下另外两个孩子,杰克和南希。他们带上一条杂种狗去找爸爸,这狗长期以来一直在分享他家朴素的食物。

孩子们白天乞讨,晚上和可怜的父亲睡在一起。贫穷和肮脏很快夺走了他们脸上的红润——那是先前他们住在乡下时,乡村空气在他们脸上绽放出的格外清新的玫瑰色。他们很快染上了监狱里的热病,死了。可怜的父亲失去了所有孩子,痛苦得说不出话来。他站在孩子们的床前,一站就是两三个小时,姿势不变,没有一声呻吟,也不流一滴眼泪,只是看着他的小宝贝们的尸体。狗舔了舔他的手,想吸引他的注意,但他似乎没有注意到这种爱抚。过了一会儿他注意到了,就悲哀地说,你是不会离开我的,然后开始大笑起来。尸体搬走了,他处于不安中,还时常陷入疯狂。最后,疯狂平息了,他变得忧郁起来,但是他不伤人。他那时受到的监管并不严,有一天他设法逃脱了,带着那条狗,直接回到了他故乡的村庄。

布莱克插画：

狗舔了舔他的手，想吸引他的注意

当我得知事情的经过后，我决定让他不受干扰地住在他选择的这个山洞里。我送了他一些生活用品，但是他都拒绝了，只接受了一张垫子。狗总是睡在垫子上，而他自己只是有时睡在垫子上。我劝他吃东西，可他总是把我送给他吃的东西给狗吃，自己则靠山楂、黑莓和各种垃圾为生。我那会儿经常去看他，他有时也会跟我到我现在住的房子里来，冬天他会主动来取一片面包。他会从池塘里采集水芹带给我，也会从山坡上给我摘一束野百里香。我之前说过，那狗是条杂种狗，很爱玩杂种狗喜欢的那类恶作剧，比如跟在马蹄后狂吠。有一天，狗主人正在采水芹，狗却追赶着一位年轻绅士的马跑起来。马受了惊，差点把骑马人甩下马背。那人气坏了，虽然他知道这是那个可怜疯子的狗，但他还是用枪指着狗头，朝狗开了一枪，然后立刻策马走了。罗宾跑向他的狗，看了看伤口，他不知道狗已经死了，还叫狗跟着他。当他发现狗已经不行了，就把它带到池塘边，趁血还没凝固洗掉了血迹，然后把狗带回了家，放在了垫子上。

那天我注意到他没有像往常那样在山上踱步，就派人打听他的情况。去的人发现他正坐在狗的旁边，无论别人怎么恳求他离开狗的尸体，或者吃点东西振作一下,他都不肯。我立刻动身去了山洞,希望说服他吃点东西,因为我一直都是他最喜欢的人。但是当我找到他时,却发现死亡之手已经钳住了他。他仍然是一副忧郁的样子,只是不像以前那样混杂着野性。我劝他吃点东西,他没有回答,也没有转过身去,而是大哭起来,这是我以前从没见的。他抽泣着说,能有人对我好点吗?杀了我吧!我没能看见我妻子的死,没有!他们把我从她身边拉走了,可是我看到了杰克和南希的死。有谁可怜我?只有我的狗!他把视线转向狗的尸体。我和他一起哭了。他那时本来可以吃点东西,但是自然之力被彻底耗尽,他死了。

就是那个山洞吗?玛丽说。她们跑了过去。可怜的罗宾!你听说过这么残忍的事吗?是的,梅森太太回答说,回家路上,我要讲一个更野蛮的事。

我告诉过你们,罗宾进过监狱。法国有一个可怕的监狱,叫巴士底。关在里面的可怜人都是单独关押,看不到人或动物,也不许读书。他们过着极不舒适的孤独生活。有人在墙上画画自娱,也有人把稻草一根根地排列成行。有个可怜的囚犯发现了一只蜘蛛,养了它两三年,蜘蛛驯服了,开始和这个犯人分享他孤独的饭食。狱卒发现了蜘蛛,向上级汇报,上级命他将蜘蛛碾碎,囚犯则徒劳地请求放过他的蜘蛛。玛丽,你会发现你所鄙视的那个讨厌东西在孤独中竟是个安慰。狱卒服从了残酷的命令,而那个不幸的囚犯在听到碾压声时感受到的痛苦,比他在漫长监禁中所经历的一切痛苦都更为严重。他环顾自己那间阴暗的牢房,铁栅栏上透过的一小束光只能向他证明,他的呼吸之地是别的任何东西都不会呼吸的地方。

四

愤怒。暴躁简的故事。

以上的散步和谈话结束几天后,梅森太太听到游戏室里传来很大的声响。她急忙跑去一探究竟,结果发现孩子们在哭,她们身旁的地上躺着一只雏鸟,已经死了。她一进来,孩子们就急切地为自己开脱,说是对方杀死了小鸟。梅森太太命她们安静,同时叫来一个她抚养的孤儿,叫她照顾好鸟巢里剩下的小鸟。

争论的起因很容易从姐妹二人的谈话中推断出来。姐妹俩争论谁更有权喂鸟。玛丽说是她,因为她是姐姐,卡罗琳则说是她,因为是她把鸟窝拿回来的。她们争着把鸟窝从房间一头拿到另一头,不想中间有只小鸟掉了下来。两个女孩都没有察觉,小鸟被踩死了。

等到女孩们镇定一些了,梅森太太平静地对她们说:我知道你们都在为自己的行为感到羞耻,也为后果感到抱歉,因此我不会严厉责备你们,也不会在你们都已经感受到的自责之上再增加痛苦,因为我同情你们。你们现在连那些在公地上吃草的动物都不如,理性只会使你们的愚蠢行为更明显、更不可原谅。愤怒是一种卑鄙的小恶习,它用自私情绪驱逐同情心,破坏一切美德。征服别人容易,征服自己高尚。玛丽,要是你能向妹妹的情绪让步,本可以就此证明你不仅比她年长,还比她聪明。而你,卡罗琳,如果你暂时放弃你的权利,你大可救下这只由你照管的鸟。

忍受轻微的不便甚至是伤害,而不抱怨不争辩总是更理智的证明。坚定的灵魂为重大场合保留,时候一到就会果断出手。而正是与此相反的思维方式,以及由此产生的行为,导致了所有那些琐碎的争端,侵蚀了家庭和睦,还在不知不觉间摧毁了即便是巨大的不幸也无法摧毁的东西。

我要给你们讲一个故事,它比单纯的评论更能让你们记忆深刻。

暴躁简是独生女。她母亲慈爱软弱,在任何场合下都不许别人违背女儿的意志。这女孩的心地不乏温柔，但是她已经太习惯看到一切都服从于她的心情，她以为全世界都是为她而设的。如果玩伴中谁有个玩具激起了她反复无常的病态幻想，她会哭闹着要这个玩具。给她别的玩具根本无法让她安静下来，她就是想要一模一样的，否则就会陷入最激烈的愤怒。在她还是个婴儿时，如果她摔倒了，看护她的保姆会让她锤打地板。她后来延续了这个做法。只要妨碍到她，她一生气就会踢桌子踢椅子，或者任何无知无觉的家具。我见过她把帽子扔进火里，因为她觉得别人的帽子更漂亮。

持续的怒火削弱了她的体质。此外，她还不吃那些普通的健康食物。而这是易患天花和虫病的小孩最应该吃的东西，也是小孩长得飞快时必需的食物，这些食物可以让小孩长得强壮漂亮。对她温柔但是教养方式错误的母亲而言，暴躁简不仅不是个安慰，还是个最大的折磨。仆人们都不喜欢她，她也只爱她自己。结果就是，她从来没能激起别人的爱。即使有善良之人对她心怀怜悯，那也几乎总是和蔑视联系在一起。

有一天，一位女士来看她母亲，还带来一只漂亮的小狗。简对这狗很是喜欢，那位女士只得极不情愿地割爱，以满足朋友的愿望。有一段时间，简很喜欢抚弄那狗,也像是真的感受到了对狗的爱。但是,有一天,那狗碰巧抓走了简很想吃的一块蛋糕。哪怕触手可及之处还有二十块蛋糕,简还是暴怒地朝这可怜的狗身上扔了一个凳子。狗这时已经怀了小狗,肚子很大了。狗倒地不起,剩下的事我几乎没法再讲。经受了如此猛烈的一击后,狗肚子里的小狗死了。可怜的大狗又挺了两天,在这期间忍受了无比痛苦的折磨。

暴躁简现在很生自己的气,一直坐在那儿抱着狗,这可怜的畜生投向她的每个眼神都在刺痛她的心。狗死后,简很不高兴,但是仍然不想控制脾气。生活中所有的幸福都虚掷在她身上,她没有经历过任何真正的不幸,可就是一直过得很差。

如果她组织了一次聚会,不巧赶上了坏天气,那么她会一整天都在徒劳地抱怨,或者把气撒在那些靠她过活的人身上。即使没有这种失望发生,她也还是不能享受应有的快乐。总有什么令她不快:像是马走得太快或者太慢,像是晚饭没有做好,或者同伴中有谁与她意见相左。

她小时候长得挺美,但是愤怒很快扭曲了她端正的容颜,使她的眼睛变得凶恶可怕。哪怕她一时高兴起来,也像一堆可燃物一样,一个偶然的火花就能将她点着。安静的人当然不敢和她交谈。她哪怕做了一件好事，或是一件人道的事，也会很快被她那荒唐的愤怒变成一种令人无法忍受的负担，甚至被完全抵消掉。

最后，她因为缺乏责任，再加上很多别的错，伤了母亲的心，或者说加速了母亲的死亡。而这一切都源于她那不受约束的暴怒脾气。

母亲的去世对她影响很大，让她一个朋友都不剩了。她有时候会说，啊，我可怜的母亲，如果你还活着，我再也不会戏弄你了，我愿意付出一切代价，让你知道我悔恨我所做的一切。你死了，你以为我忘恩负义，你哀叹我为什么没有在你怀里吃奶的时候就死掉。我将永远不会——啊！永远不会再见到你了。

这种思绪，再加上她暴躁的脾气，损害了她本来就已经受损的体质。她没有通过行善使自己的灵魂准备好进入另一种状态，对于解除死亡的恐惧或是使人生最后的睡眠变得甜蜜也已不抱任何希望——这长眠的到来是多么可怕！她还因为责骂医生没有治好她的病而加速了自己生命的终结。她那张毫无生气的脸上显出愤怒到抽搐的神色。她把一大笔钱留给了一些并不后悔失去她的人。他们跟着她走向坟墓，为她送葬，但是没有一个人为她落泪。她很快就被人遗忘了。我记得她,也只是为了提醒你们不要再犯她那样的错误。

五

撒谎。荣誉。真理。小职责。狡诈夫人和诚实夫人的故事。

两个小姑娘竭力争取梅森太太的好感,想以自己温柔的举止向她证明她们为自己感到羞愧。梅森太太有个规矩,如果姐妹俩冒犯了她,也就是说,如果她们行为不当,她仍会以礼相待,但她不会待之以喜爱,而喜爱是两个女孩特别喜欢接受的情感印记。

昨天,梅森太太对她们说,尽管我发现了两个错误,我却只向你们提了一个。你们很容易就能猜到我说的是你们俩撒谎的事。不,抬起头来,因为我希望看到你们脸红。我在你们脸上看到了慌乱,这让我高兴,因为这使我确信撒谎还不是你们固有的习惯。而且,我的孩子们,如果这样一个卑鄙的习惯已深深扎根于你们幼小的心灵,我该多难过啊。

我所说的谎言,是指各种各样的谎言。凡能迷惑人的就算谎言,哪怕没有直接说出。声调,手或头的动作,只要让别人相信了本不该信的东西,就是谎言,而且是最坏的一种谎言,因为其中的诡诈加重了罪恶感。相比这种谎言,我宁愿原谅那种直接说出的谎言,因为也许当时恐惧完全占据了说谎者的思想,让那人没感觉到上帝的存在。撒谎是人对上帝神圣威严的侮辱。

怎么会这样?玛丽问道。

因为你希望向所有人隐瞒你的谎言,但是你只要想想就会明白,心灵的探求者[上帝]能够读懂你的每个想法,你什么也瞒不了他。

如果被我发现你说谎,你会脸红。然而,你从上帝那里得到了生命及其一切祝福,却又肆意放弃这些恩惠,为的是使自己不受纠正或责备,或者更糟的是为了得到一些微不足道的满足,它们所能带来的快乐只能持续一小会儿。

你听到今天上午拜访我的那位先生经常提到"荣誉"一词。荣誉是尊重自己;是做那些你希望别人也对你做的事;荣誉的基础是真理。

当我能依靠人们的诚实,也就是说,当我确信他们坚持真理的时候,我会依靠他们。我确信他们有勇气,因为我知道他们宁愿忍受一切不便,也不会说谎,因为说谎会让他们鄙视自己。此外,一个人只要行事端正,就不必顾虑该说什么话。在任何场合都要下定决心说真话,这样你就永远不会无话可说。谨慎的性格一旦养成,你就会成为众人希望结识的人,即使那些对你并不特别满意的人至少也会尊重你高尚的原则。友谊只可能建立在真理的基础之上。的确,真理是热诚的本质,是理解力的运用,是对每一种责任的支持。

我对仆人和对你们的管教都严格遵循真理的原则,这一戒律使我头脑清醒、心地纯洁,我随时准备向善的创造者和真理的源泉祈祷。

在我讨论这个问题的时候,让我向你们指出这个美德的另一个分支——真诚。记住我每天都在给你们做榜样,因为我从来都不会为了一时取悦他人而说些毫无意义的恭维话,也不会让我的嘴说出任何我心里不想说的话。我在陈述事实时,会注意不去修饰它,不让它变成有趣的故事。不是因为我认为这么做绝对是犯罪,而是因为这么做会在不知不觉间削弱人们对真理的尊重。因此我谨防这种虚妄的冲动,以免失去我心灵的主要力量,甚至是装饰,变得像大海里的波浪一样,被每一股激情的阵风裹挟,漂来荡去。

你们在生活中必须履行那些表面看来无关紧要的职责,因为伟大的职责是美德的支柱。琐事不断发生,理智和良知必须始终占据主导地位,才能保持心灵的稳定。很多人做出承诺和约定后,会小心不去违背。可是如果发生更诱人的乐趣,他们却不记得责任哪怕再轻也应该先履行完,然后再去追求快乐,因为任何这类玩忽职守都会使追逐快乐变得痛苦。相信我,凡事若不清白,就不会让人长久地愉快。

我常常努力回忆我认识的一些人,他们犯过我希望你们不要犯的错,或是做过我希望你们不要做的蠢事。我要聊聊两个人,如果没有弄错的话,这两个人将会有力证明我说的话。

上星期你们见到了狡诈夫人,她是早上来看我的。你们见过那么精美的马车,那么漂亮的马匹吗?马蹄抓地的样子真是气派,马身上佩戴的马具也那么华丽!她的仆人们穿着优雅的制服,她自己的衣服也和车马仆从的装备甚是匹配。她的房子和马车处于同一水平:她的房间很高,挂着丝绸;房间里装饰着高贵的镜子和画作;可供游乐的室外场地很大,布局很好;在树木和灌木之外,她还有各式各样的避暑别墅和庙宇——东方庙宇,这正是人们的叫法。然而,我的年轻朋友们,这是排场,不是尊严。

这个女人灵魂渺小,从不关注真理,大部分财富通过谎言获得,这毁了她所有的享乐。她住着华屋美舍,穿着亮丽衣衫,坐着漂亮马车,却感觉不到半点乐趣。猜疑以及由此产生的忧虑使她脸上爬满皱纹,抹去了一切美的痕迹,她只好徒劳地用脂粉修复。她多疑的脾气源于她对自己内心的了解以及理性的匮乏。

她想象每一个和她交谈的人都想要骗她。离开人群时,她猜想人们可能会说她哪些坏话,因为她想起自己就是这么干的。她在家里四处偷听,希望能发现仆人的诡计,因为仆人中间她一个都没法信任。由于这种焦虑,夜不能眠,食不甘味。她走在自家天堂般的花园里,闻不到花香,鸟儿也没法给她带来快乐。可是这些快乐简单而真实,能将人引向对上帝及其所创造的一切生物的爱,但就是不能温暖一颗只喜欢听恶毒故事的心。

她无法向上帝祈祷。上帝讨厌说谎者!她丈夫不理她,因为他娶她的唯一动机就是赎回一块抵押出去的地产。她的儿子——她唯一的孩子,也对她不孝。穷人从来没有理由祝福她,她也没有为任何人的幸福做过贡献。

为了消磨时间,驱赶悔恨的痛苦,她从一户人家去另一户人家,收集和传播丑闻故事,想让别人和自己处于同一水平。即使是那些和她相似的人也怕她;她独自一人活在世上,这世上的美好事物被她的恶习所毒害,既不能激发欢乐，也不能激发感恩之情。

在我告诉你们她是如何养成这些恶习，又是如何无视真理、积累资财之前，我希望你们想想诚实夫人。她是位牧师的妻子，住在离教堂很近的那座白房子里。房子很小，然而缠绕在窗户上的忍冬和茉莉使房子看起来很漂亮。诚实夫人的声音甜美，举止轻松而优雅；她朴素的衣着最能突出她身材相貌的美好。

她走着来看我，她的孩子们紧紧牵着她的手，抓住她的衣服，他们非常喜欢她。如果有什么东西吓到了他们，他们会跑到她的围裙下，而她也会像母鸡照顾小鸡一样。家畜也知道她是温和体贴的女主人，都爱和她的孩子们玩耍。她设法用自己微薄的财产给很多挨饿受冻的可怜人提供衣食，他们也会在她走过时祝福她。

她虽然没有任何外在的装饰，却似乎比邻居们都更高尚，邻居们称她为淑女。事实上，她的每个姿势都显出一种有成就、有尊严的精神。一个人即使被剥夺了使其外表光鲜、显得重要的资财，这种精神也还可以自给自足。

绘画是她年轻时的消遣，用来装饰她整洁的客厅；几件乐器摆放在一个角落，她的演奏很有品位，歌唱得也很动听。

所有的家具——包括一套装满精心挑选的书籍的书柜，都在诉说着主人的精致，以及一个有教养的头脑在自己所能掌控的范围之内独立于金钱之外的快乐。

她丈夫是个有品位、有学识的人，会给她读书，她则在一边给孩子们做衣服。她用最温柔、最有说服力的方式教孩子们知道什么是重要的真理，她也会教他们一些优雅的才艺。

再过一段时间，等你们表现好了，应该去看看她，到她的小花园里漫步。花园里有几个漂亮的座位，夜莺在树荫下不受干扰地唱着最甜美的歌。

现在，我已经向你们介绍了这两个人的现状和性格。听我讲讲这些性格是怎么形成的，以及她们各自坚持不同行为方式的结果。

狡诈夫人小时候经常说些尖酸刻薄的话，周围不明智的人对她说的这些话报之一笑，还夸她机智。她发现自己说话很受欢迎，便滔滔不绝地说，在那些有一定事实依据但又不足以娱乐众人的事情上添油加醋。如果她偷了甜食，或者弄坏了什么东西，挨埋怨的总是猫或狗——这些可怜的动物会因为她的过错而受到责罚。有时候仆人也会因为她的断言而失去工作。父母去世后，给她留下了大笔财产，一位更有钱的姑妈收养了她。

几年后,她的表妹,即后来的诚实夫人也被同一位女士收养了,但是诚实夫人的父母不能把财产留给她,因为财产须由男性继承人继承。诚实夫人受过最博雅的教育,在各方面都与她的狡诈表姐相反。狡诈嫉妒诚实的优点,不甘心与诚实分享她早就期待独吞的全部遗产。因此,她使出浑身解数,想叫姑姑对诚实产生偏见,她得逞了。

一名忠实的老仆竭力想使女主人睁开眼,但是狡猾的侄女却编造了一个最有损老仆名誉的故事,导致老仆遭解雇。诚实没能为老仆洗脱罪名,就自己出钱赡养她,并因为个人的慷慨付出了代价。因为不久后姑妈去世了,只留给亲切的诚实五百镑,却给了狡诈五万镑。

不久后两人各自结了婚。一个嫁给了挥霍无度的狡诈勋爵,另一个嫁给了受人尊敬但晋升无望的诚实牧师。后一对夫妻尽管都曾在各自的人生中失落过,却满足于命运。为了自己和孩子,他们如今正在为另一个世界做准备,那是一个真理、美德和幸福共存的世界。

相信我,无论我们今生获得了怎样的幸福,都必须与上帝自己享有的幸福有几分相似。上帝的真善所能达到的崇高程度我们无法想象——远远超出我们有限的能力之外。

我本不想耽搁你们这么久,梅森太太说,你们读完特里默太太的《神奇故事》了吗?读完了,卡罗琳悲哀地回答说,读完的时候我很难过。我从没读过这么可爱的书,我可以给诚实夫人的小芳妮再读一遍吗?当然可以,梅森太太说,只要你能让她明白鸟儿是不会说话的。去花园跑跑吧,记住,再被我发现说谎的话,我可要罚了,因为说谎是恶习。如果你确实说了谎,我就得惩罚你,以免让你遭受狡诈夫人那样的痛苦。

六

愤怒。愚蠢产生自卑,也造成他人对你的忽视。

有一天下午,几位客人过来看梅森太太。她们随意交谈着,这是人们说话前不加思考的惯常做法。她们谈论卡罗琳的美,卡罗琳便装出很多做作的样子,好使自己显得最美。然而玛丽没有一张值得骄傲的脸,于是她就观察客人们的衣着和举止的奇特处。一个没牙的可敬老太太让她觉得比其他人更有意思。

孩子们上床睡觉时梅森太太没有责备她们,只是严肃地说:今晚我给你们一个和平的吻,一个你们不应该得到的有爱的吻。这样她们就从她的举止中发现自己做错了，就等她解释，好让自己重新得到她的喜爱。

梅森太太从来没有发过怒，但她那平静而坚定的不快让她们觉得自己无比渺小。她们希望她微笑，希望得到重视，因为她们的一切价值似乎都取决于她的赞许。卡罗琳说，我不知道我做了什么，但我敢肯定，梅森太太每次挑毛病，都让我相信我确实是错了。玛丽，你见过她生气吗？没有，玛丽说，我相信她这辈子都没有生过气。有回约翰打翻了所有的瓷器，站在那里瑟瑟发抖，她是第一个说是地毯把他绊倒的人。是的，现在我想起来了，我们第一次来她家时，约翰忘了把母牛和小牛牵进牛舍。我听见她叫约翰立刻把小牛牵进去，因为那头可怜的小牛快要冻死了。她话说得很急，似乎也很生气。卡罗琳回答说：你既然提起这件事，也让我想起那次有个女人生病了，她让贝蒂给这个可怜的女人端碗肉汤去，但是贝蒂没去，她就生气了。但是她这回生气不像我过去看到保姆因为什么事情烦恼时生的气。保姆会骂我们，还会打伺候她的那个女仆。可怜的小珍妮，我们惹保姆生气的时候，她挨过多少次打啊。现在我要是再看见她的话，我会告诉她那不是她的错，我再也不会取笑她了。

玛丽说，我睡不着，我害怕梅森太太的眼睛。卡罗琳,你觉得一个有时候看上去那么和善的人会把别人吓得这么厉害吗? 我希望能像她一样聪明善良。那次在公地,那个带着六个孩子的可怜妇女说梅森太太是个天使,梅森太太救了她和她孩子的命。卡罗琳回答说:我一想起明天早晨,我的心都提到嗓子眼了,可是我现在比在家时开心多了。那会儿我说不清为什么,整天就是哭。我从来都不想做个好人,也没人告诉我怎样才能做个好人。玛丽说:我想成为一个女人,一个像梅森太太或诚实夫人那样的女人。我们要是表现好的话,就可以去看她了。

睡意很快制服了她们,使她们忘了恐惧。第二天早上,在梅森太太起身前,两个女孩已经精神抖擞地起了床,认真学了功课,喂了小鸡。

七

德行是美的灵魂。郁金香和玫瑰。夜莺。外在装饰。人物。

第二天早上,梅森太太先是在花园见到她们,她要卡罗琳看看那片开得正艳的郁金香。她说,我要在花园种上各种花,因为接连开花能让我每天看到不同的风景,能让花园的魅力多种多样。然而,这些郁金香带给我的乐趣却不如我种的其他大多数种类的花,我来告诉你们原因,因为它们只是美而已。听我说说区别:五官好,肤色好,我称之为身体美。就像郁金香上的条纹一样,它们能让眼睛得到暂时的愉悦,但是这种整齐划一很快就令人生厌,活跃的思维会飞向别处。我亲爱的孩子们,美的灵魂在于身体优雅地展现见识不断增长的心灵的情感和变化。胸怀真理、人性和知识的人,眼睛会散发柔和的光,面颊会洋溢谦虚的神情,所有的五官也都会显露天真快乐的微笑。乍一看,匀称和色彩很吸引人,很有优势,因为隐藏的泉眼不会直接启动。但是内心的善一旦反映出来,其他各种美就只能作善的影子了。它们会在善的面前枯萎,就像太阳暗淡了灯光一样。

卡罗琳,你确实长得漂亮。我是说,你的容貌很好,但是你必须提升头脑,好给容貌一种令人愉快的表情,否则容貌只会将你的理解力引入歧途。我见过一些蠢人煞费苦心地装饰其房子的外表,以吸引陌生人的注意,可是陌生人看看也就过去了。然而,她们接待朋友的室内却又黑又不方便。不妨将这种观察应用到外貌的吸引力上。诚然,外貌的吸引力可能会在几年内迷住你所认识的人中的那些肤浅者,也就是那些对美的看法没有建立在任何实用原则之上的人。这样的人可能会像看郁金香一样看你,一时间会感受到五光十色的光线带给无知头脑的同等愉悦。人类的下等阶级和儿童都喜欢华丽,华而不实、令人目眩的外表很能吸引他们的注意。可是要想使美的概念完整,除了颜色、顺序、比例、优雅和有用性之外,一个理智之人还需要更多的辨别能力。

看看那朵玫瑰吧,它有我所说的一切完美:颜色、优雅和甜美。即使美好的颜色褪去,香气仍会让那些憧憬过它美丽的人愉快。我的花园虽大,却只种了一坛郁金香,可是在花园的每一处,玫瑰都在吸引人的目光。

你见过诚实夫人,认为她是个好女人,然而她的皮肤和肤色却只有温和的清爽。严格说来,她的容貌并不出众。在肤质和肤色方面,她的女佣贝蒂都比她强得多。可是,尽管很难定义她的美是由什么组成的,每当她移动时,人们的目光都会随着她移动。她一说话,每个有品位之人都会乐意倾听从她嘴里发出的协调的声音,好让自己得到改善和愉悦。正是这种自觉的价值和真理赋予她走路时的尊严和说话时的质朴优雅。的确,她的理解力非常敏锐,心灵充满情感,而睿智和柔情——这是理解力和心灵的结果——也在她的面容中很好地融合在了一起。品位如同抛光剂，使这一切表现出最有利的样子。她所拥有的比漂亮更多，你一次次、越来越高兴地看到她多种多样的优点。这些优点不会强加于你，因为知识教会了她真正的谦逊。她不像郁金香那样炫耀，那样一定要人注意自己，而是像那边那朵谦逊的玫瑰一样，只愿意隐藏在自己优雅的枝叶下。

我提到了花，同样的秩序可以在自然的更高等级[指动物]中观察到。想想那些鸟吧，歌唱得最好的鸟羽毛并非最美，而且事实还恰恰相反。上帝早已分配好了他的礼物。在长羽毛的族群中，如果你期待毛色美的会唱歌，那么你就不会在早上发现夜莺——虽然夜莺唱得最好，总在庄严的傍晚来临之际吐露各种妙音。很多叽喳不停、在鸟类大合唱中表现平平的鸟，羽毛都比夜莺漂亮，都能吸引你的注意。

在你们出生前的某个时候，我认识一个很好很漂亮的女孩。我看到她很有能力，但也痛心地发觉她在乎的只是这个上天给予的最明显、也最没价值的礼物[指美貌]。当她想方设法使自己的外貌更加迷人的时候，她的聪明才智睡着了。最终她染上了天花，美貌消失了，她一度痛苦不堪，但是年轻人天生的活力克服了这种不愉快情绪。她的眼睛由于疾病变得很差,只能坐在黑暗的房间里。为了打发乏味的时日,她开始练习弹奏音乐,并且达到惊人的熟练程度。她甚至开始在幽居中思考,并在视力恢复后,喜欢上了读书。

现在,满堂宾客不再使她高兴了,她不再是人们崇拜的对象。即使有人注意到她,说的话也不再好听,因为他们夸赞从前的她,哀叹可怕的疾病如何损害了一个漂亮的脸蛋。她不期待、也不想被人注意,于是不再装出矫揉造作的模样,只是专心听人谈话,很快她自己也能在谈话中担当一个角色了。简而言之,取悦他人的欲望调转了方向。她在改进头脑的同时,发现了德行这种内在美的自身价值。它不像外表美那样只是一个玩具,虽然能取悦观者,却不能使拥有者快乐。

她发现,在获得知识的过程中,她的头脑平静下来,按照上帝意志行事的高尚愿望获得了成功,驱除了从前驱使过她的过分的虚荣心。她那时最在乎的是那些像她一样的人,她热切希望得到他们的赞许。她希望什么?被人盯着看,说她长得美。她的美貌——如果仅仅是被人看到——并不能使别人变得好起来,也不能使受苦者得到安慰。但是失去美貌后,她却感到很舒服,并且给她的朋友们树立了一个最有益的榜样。

她从前花在装饰自己身上的钱,现在用来给那些衣不蔽体者提供衣物。不过,她自己也真的是穿得更好了,因为她已经养成了善于利用时间的习惯,自己能做很多衣服了。此外,她也不再盲目遵循流行的时尚,因为她已经学会了分辨,即使是在最琐碎的事情上,她也会按理智的指令行事。

孩子们对这个故事发表了一番评论,但是一个来访者打断了她们的谈话,于是她们开始在花园里跑来跑去,比较玫瑰和郁金香。

八

夏夜的娱乐。制干草的一家人的到来。嘲笑个人缺陷受到谴责。暴风雨。对死亡的恐惧。失事水手、老实人杰克的小屋。杰克和他的忠犬庞贝的故事。

晚上很愉快,梅森太太和孩子们走出去,听到很多乡间的声音。邻村的钟声,因为离得远而变得柔和起来,听起来很是悦耳。甲虫嗡嗡作响,孩子们追逐它们,但不是为了消灭它们,而只是观察其形态,还询问它们的生存方式。羊在咩咩叫,牛在哞哞叫,附近的小溪潺潺流过,远处大海的波涛声也在耳边渐渐消失。或者说，她们是因为听着从田间回来的干草匠们的口哨声，把这一切都忘了。她们遇到一家人。每年这家人都会从另一个郡赶来，因为他们在当地找不到固定的工作，而梅森太太允许他们睡在她的谷仓里。那家的孩子认识这位女施主，想要得到她的微笑，而她是随时都愿意对自己施恩的对象报以微笑的，因为她爱她所有的同类，爱减轻了责任的重负。此外，她认为愿意工作的穷人有权享受生活中的舒适。

又过了一会儿，她们遇见一个身体畸形的女人。姐妹俩几乎大惊失色地盯着她看，梅森太太却把头转向了另一个方向。当这个可怜人走远了听不见她们说话的时候，梅森太太对玛丽说，今天早上我是想批评你的，因为我经常看见你犯同一个错误。但是现在这一刻和某一天晚上，你的这个错误格外引人注目。刚才那个畸形女人从我们身边经过时，我不由自主地看向别处，是不想让她觉得自己是个恶心的人，并因此引起了他人的注意。我说我是不由自主这样做的，因为我已经习惯了替别人着想，也替他们在各种情况下所受的痛苦着想。这种不愿冒犯他人，甚至不愿伤害他人感情的情绪，是瞬间的冲动，它促成了我的行为，使我对每一个能呼吸的生命都心怀善意。如果对陌生人我都能如此小心不去伤害他们，我又该如何看待你嘲笑一位可敬的老妇人呢，玛丽？她不仅年高有德，对你还特别客气。我经常看到理解力最差的那些人嘲笑别人身体的虚弱和偶然的缺陷，这样的人心里几乎没有仁爱。他们只能欣赏我今天早上说的那种低级的美。当他们通过比较发现自己在外貌上优于别人时，他们空虚的灵魂就感觉到一种愚蠢的喜悦。但是这个结论是错的，因为只有德行和精神上的获得才能给人一种正当的优越感。当你听到那个可敬女人的话语里所传达的愉快和理智时，你只要稍有辨别力，就会很快忘掉她牙齿脱落造成的慢吞吞的腔调。你笑，是因为你无知，我现在原谅你。但是几年后，与人相处时，如果我看到你还这样，我会认为你仍然是个孩子，一个长得太大的孩子，身体长大了，头脑却没有随之扩展。

天上的云层开始变得浓密，牛群的低吟增添了一种忧郁的节奏。夜莺忘了歌唱，逃回巢里。大海咆哮着拍打岩石。在预示着暴风雨即将来临的平静中，所有动物都向避难所逃去。如果可能，梅森太太说，我们必须赶到悬崖上的那间小屋，因为暴风雨很快就要来了。她们加快了脚步，可是飓风还是追上了她们。冰雹落下，云朵好像被撕开，露出闪电，阵阵雷声轰鸣，震动着大地。

狂风也在树林中呼啸,将细枝扯下,把树根吹松。

孩子们都吓坏了,但是梅森太太一手牵着一个姑娘,和她们聊天,消除她们的恐惧。她告诉她们,暴风雨是必要的,因为它能驱散有害气体,还能满足很多其他目的,虽然这些目的对我们薄弱的理解力来说可能并不明显。可是难道你不害怕吗?卡罗琳颤抖着叫道。我当然不怕。我此刻走着,我的安全感就像太阳给万物以生命一样。上帝仍在,我们是安全的。即使闪电从我们身边经过,把我劈死,它也伤害不到我,因为我不怕死!我只怕那个能使死亡变得可怕的上帝,我安闲地信赖他的旨意,我的信心是俗世的悲伤无法摧毁的。除非对美德的热爱战胜对死亡的恐惧,否则精神永远不会真正伟大。

这时她们登上了悬崖,看到喧嚣的深渊。巨浪汹涌升腾,拍打着海岸,凶猛的大海的巨响在岩石间回荡。

她们跑进小屋。住在屋里的那个穷苦女人让她的孩子们出去找木头,很快他们就生起了一堆旺火,给梅森太太和两个女孩烤火。

不久,这家的父亲拄着拐杖回来了,他的一只眼睛上还蒙着一大块胶布。很高兴见到你,老实人杰克,梅森太太说,到炉火旁坐下,给孩子们讲讲你船只失事的故事吧。

他立刻答应了。我亲爱的女士们，杰克说，我出海那会儿还很年轻，忍受了很多艰难困苦，然而我努力应付，经受住了所有考验。不管顺风还是逆风，我都会爬上船的横桅索，在船舵上唱歌。我一向心地善良，在我之前或之后没有哪个小伙子比我更善良了。出海时，我从来不会第一个退缩。在岸上，我也和最好的小伙子一样快乐。我娶了那边的她（举起拐杖指向他的妻子），她有她的活计，我有我的工钱，直到我的船撞上礁石失了事。噢！那真是一个可怕的夜晚。今天这天气和那天比真算不了什么，但是我的故事怎么还没开始讲，就要结束了呢。

战争期间，我去过纽约一两次。最后一次航行开始时很顺利，我们都很高兴能回到亲爱的英格兰，但就在这时，暴风雨来了。船像鸟儿一样上下翻飞，我们当中最优秀的几个船员都被冲进了大海。我可怜的船长！在耕耘过大海的船长中，还从来没有比他更好的，他也掉进了海里，而且我们过了一会儿才发觉他不见了。因为那会儿天很黑，只是时不时有道闪电给我们带来光亮。我在掌舵，向船的一侧猛打方向，突然一道可怕的闪电从我身上掠过，弄瞎了我一只宝贵的眼睛，但是谢天谢地我还剩一只。

第二天天气转晴,虽然遭受了沉重的打击,但我还是抱着希望,因为我讨厌胆怯。如果没有遇到那艘法国战舰,被他们抓了当俘虏,我们肯定会很快进入英吉利海峡,但是我们根本无力抵抗。

我养了条狗,可怜的庞贝!他对我不离不弃,像个基督徒那样爱我。我的一只眼被闪电弄瞎了,另一只也疼得厉害,连个窥视孔都算不上。还有,我不知怎么就从舱口摔了下去,一条腿擦伤了。可是你们知道吗,直到我们来到布雷斯特、被投入法国监狱前,我都没有治过这条伤腿。

在监狱里,我的处境比以前更糟了。我们所有人都住在一间屋子里,屋里满是害虫,食物也糟透了,尽是些发霉的饼干和咸鱼。监狱里挤满了人,有很多个早上,我们都会发现又有一个老实人的下巴掉了下来,再也不会醒过来了!他是去了另一个国家,你们知道吗?

然而法国人并不像人们说的那样心狠手辣!几个女人给我们端来汤和酒,还有一个给我拿了些破布,让我包腿。腿很疼,可我没法清洗,也没有石膏。有一天,我悲伤地看着自己的腿,心想我一定会失去这宝贵的肢体了。可是你们相信吗?庞贝这时候居然知道我在想什么,它开始舔我的腿。我从没见过这么奇特的事:我的腿居然一天天好起来,最后没打石膏也痊愈了。

从那以后,我病得很重,给我破布的那个好心女人把我领回了家,新鲜空气很快使我康复了。我当然应该称颂法国人,要不是他们的好意,我现在早就该到另一个港口去了[指死亡]。或许我会顺风而去,但是我也会为离开我可怜的妻子、孩子难过。我怎么把话都说出来了!嗯,又过了一段时间,组织了一次换囚,于是我们再登上一艘英国船。我确信能再次见到家人,但是天气一直很坏。三天三夜,我们身处极大的苦难之中;第四天,船撞上了礁石。哦!你们要是听见那个撞击声!水涌了进来,人们尖叫着:上帝可怜可怜我们吧!船上有个女人,我会游泳,我想救她,庞贝跟着我。可是我失去了庞贝——可怜的家伙!我敢说当我看到它的尸体时,哭得像个孩子一样。然而,我把那个女人带上岸,又帮了几个同船用餐的伙伴。可是我在水里站得太久了,失去了下肢的功能。好在上天厚待我。夫人给我们大家送来一辆大车,照顾了我们,可是我的下肢一直没能恢复功能。夫人仔细询问了我的不幸,派人去接我的妻子。我妻子马上来了,从此我们就在这儿住了下来。我们为夫人捕鱼,观察暴风雨的动向,我希望有一天能像她对我那样对待一个可怜的垂死之人。我们真的很高兴，要不是夫人，我现在可能正在街上乞讨。上帝保佑夫人。

一滴眼泪顺着梅森太太的面颊流了下来，同时她的脸上也露出慈祥的微笑。两个小姑娘紧紧抓着她的手，一人一只，沉默了几分钟。梅森太太想转移话题，就问他家里有没有鱼。鱼拿了出来，很快做好了，他们一起吃饭，吃得很开心。老实人杰克还唱了几首航海的歌，尽他所能娱乐了大家，表达了他的感激之情。他起身去拿那块棕色面包时，一瘸一拐的样子非常笨拙。玛丽刚想笑，但立刻又屏住了，因为她想起他的笨拙正是使他真正受人尊敬的原因——他是在做好事、救人时失去肢体功能的。

天气转晴，她们回家了。孩子们在回家的路上愉快地交谈着，谈的是那个可怜的水手和他忠实的狗。

九

过分放纵带来的麻烦。

用餐时如果有水果，孩子们获准随意拿水果吃。卡罗琳总是挑最好的，她还会匆匆吞下她挑选的，生怕吃不上她想吃的。事实上，她吃的通常都比她应得的多。有几次她吃得比正常人一次应该吃的量还多，可是没有任何不良反应。然而，终于有一天下午在吃完水果后，她开始抱怨肚子痛，苍白的脸色和倦怠的眼神清楚地表明她确实很不舒服。梅森太太给她吃了催吐药，然后她只好卧床休息，尽管她已经答应自己那天晚上要愉快地出去散个步。她一个人待在家里，玛丽主动提出要陪她，但是梅森太太不许玛丽这么做。梅森太太说，如果卡罗琳病属偶然，我们两个都会想要逗她开心。可是现在，她的贪婪遭到了自然而公正的惩罚，她就必须忍受，而不能指望靠怜悯减轻痛苦。你只须转告我的话，那就是放纵时的快乐很短暂，而放纵所产生的痛苦和禁锢却已经持续了好几个小时。

第二天早上，尽管卡罗琳的病几乎一点没好转，但她还是像往常一样在早饭前起床散步去了。因为在散步的过程中，梅森太太会给她们讲故事，指出上帝创造万物的智慧，还会带她们看望她可怜的房客。这些拜访不仅能使梅森太太对房客们的需求做出判断，也能使房客们勤劳起来，因为他们都急着想让梅森太太看到他们的住处很清洁，人也很干净。穿过农场的院子回来时，梅森太太会照例停下来，看看可怜的动物们是否都得到了照顾,她管这个叫作给自己挣早餐。一个仆人正在喂猪。虽然她往槽里倒了很多猪食,但是那些贪婪的猪还是要互相争抢。卡罗琳脸红了,她知道这副样子是做给她看的,她为自己的贪吃感到羞愧。但是梅森太太为了给她留下更深的印象,还是这样对她说:

我的孩子,上帝已经赋予了我们各种激情和欲望,以满足我们的各种目的,其中有两个目的显而易见,让我向你们指出:一是使我们当前的生活更加舒适;其次是使我们成为社会人,以便为来世做好准备。正如在社会中美德需要获得,克己需要实践,适当适量的食物也能恢复我们疲惫的精神,使我们的动物机能充满活力。但是,如果我们不加节制,思想就会受到压迫,就会很快成为身体的奴隶,或者两者都会变得萎靡不振,丧失活力。家人们各有志业,吃饭时见面,在饭桌上彼此谦让,以最轻松最愉快的方式学习控制各自的食欲。你们看,猪是能吃就会全部吃掉;但是人,如果还有感情,是爱其同类,也渴望得到同类之爱的。人不会为了动物般的满足感而失去他们所珍视之人对他们的尊敬。此外,人如果学不会忍受贫穷,就算不上是有德之人。那些老想满足自身欲望的人,最终会为了放纵自身而行卑鄙之事,可是,当人的头脑被任何一种脑力活动或强烈的感情占据时,吃就很少会被认为是一件比其自身应有的重要性更重要的事。让闲人们想着怎么吃吧,但是你们要以另一种方式利用两顿饭之间的工夫,你们只有在进入社交圈后,才应该享受这类就餐方式。我喜欢看到孩子们高兴地吃饭、心怀感激地接受上天的祝福,我甚至喜欢看到成年人也这样做。但是我不想人们滥用祝福,也不想人为了照料身体而伤害不朽的精神。很多人只想着身体渴望的食物,却完全忽视了精神。

我以前跟你们说过,在最显而易见的小事上,我们应该做我们希望别人对我们做的事。这一职责必须经常履行。吃饭时有很多这样的机会,卡罗琳,我再也不希望以后看见你急着为自己争抢好吃的了。如果这样的性格要伴随你一起长大,那你就应该独居,因为不愿意体谅别人的喜好,不愿意让每个人都在今生得到自己应得的那份美好的人,不配享受社交带来的好处和快乐。

无度的放纵过后是痛苦,这是你昨天经历的事。事情总是这样,尽管有时候不会那么快感觉到,但是体质已经在不知不觉间遭到了破坏,年老满载着虚弱而来。你还错失了一次非常愉快的散步和一些很好的水果。我们参观了古德温太太的花园,因为玛丽说服我她可以控制自己的食欲,我就允许她摘些水果,想摘多少就摘多少。但是她没有滥用我的放纵,反而花了大部分时间为我摘了一些果子,她的这份心思使得水果吃起来更甜了。

回家的路上,我称玛丽为朋友,这个称号她当之无愧,因为她已经不再是小孩了。理智的温馨情感征服了欲望,她的理解力起了主导作用,她践行了一种美德。

现在这个话题停止讨论了,但是卡罗琳决心以后仿效姐姐的节制和克己。

十

耽搁的危险。对一座废弃豪宅的描述。查尔斯·汤利的故事。

梅森太太总能掌控时间,从不因犹豫不决而浪费时间,因此她在想出去散步的时候,常常需要等那两个女孩,她希望她们能够及时准备好。玛丽尤其爱把一切事情都拖到最后一刻,然后只干一半,或者一点都不干。这种懒散的拖延使她错过了很多助人和行善的机会,时间都浪费在了轻率的闲散中,她只好在事后遗憾自己没能利用好时间。

有一天就是这样，她需要给她父亲写封信。虽然一大早就提醒了她，可是等她差不多写完，晚上最好的时光也都耗尽了，而且匆忙间她还忘了本来想说的最重要的话。

她上气不接下气地赶上了梅森太太和卡罗琳。她们穿过几块田地，然后梅森太太走上了一条长长的林荫道，她吩咐女孩们去看一幢大房子。房子现在已经成了废墟。厚重的墙壁仍能抵抗时间的侵蚀，但是墙上爬满了藤蔓，几乎遮蔽了一个高贵的拱门。拱门上残废的狮子蜷缩着，没了翅膀的秃鹫和老鹰似乎会永远停驻于此。附近有个乌鸦的巢穴，乌鸦们安全地栖息在高高的树上。树干上布满藤蔓或苔藓，巨大的树根周围长着很多真菌。草很长，除了有风吹过时受些干扰，其他时候完全自由生长——当然也就没了路。割草的人从不在这儿磨镰刀，干草匠们也从不把自己的歌声和乌鸦嘶哑的叫声混在一起。一个宽阔的盆地上覆盖着黏液，为蟾蜍和蝮蛇提供了庇护之所，而在盆地的边缘，水草正在野蛮繁茂地生长。很多地方堆放着装饰性建筑的废墟，日晷置于阴凉处，雕像的基座粉碎了它们从前支撑过的雕像。她们穿过草地时，经常会被无头的雕像绊倒，或者会有雕像的头阻碍她们前进。她们说话的时候，声音也似乎回转，好像无法穿透那厚重凝滞的空气。纯净的太阳光无法照进这片浓密的阴暗处，层层落叶堵塞了道路，使空气变得更加有害。梅森太太对紧紧依偎在她身旁的孩子们说：今晚我特意带你们来这儿，是想告诉你们此地最后一个居民的故事。但是，因为这个地方太不卫生，我们得坐到吊桥的碎石上才好。

查尔斯·汤利是一个有着非凡能力和强烈感情的男孩，然而他总是感情用事，不服从理智的引导。我的意思是，他被一时的情感支配，性格一点也不坚强，而且还总是前后不一。他有时乐在其中，有时又因为疏忽了某项责任而懊悔不已。他总想明天一定要把每件事都做对，可是今天却还是会任由自己心血来潮。

他听说某人遭遇了不幸，决定去救人，就走出家门，去追随这份人道的冲动。但是路上遇到一个熟人，这人说服他去看戏，他想那就明天再去行善吧。谁想到了第二天早上，又有人来和他一起吃早饭，饭后带他去看一些精美的图画。晚上他听了一场音乐会。第二天他累了，在床上一直躺到中午，然后读了一个悲惨的故事，故事编得很好，害他哭了一场，睡着了，彻底忘了那个人道的善举。终于，一次意外使他想起了自己的计划。于是派人去找那个不幸者,结果发现由于自己耽搁得太久,救济已经没用了。

他就这样浪掷了自己的时间和财富。尽管凭他受到的教育,不管干什么,都能发光,但是他什么职业也没干过。他还得罪了朋友,最后朋友们任他在监狱里憔悴。改造他或者改好他似乎都不可能,于是他们留他自己一人与逆境作斗争。

他自责甚严。一个朋友来看他的时候,他几乎已经完全绝望。这位朋友喜欢潜藏的美德迸发的火花,想象着总有一天这火花会点燃,查尔斯的行动会积极起来。于是他替查尔斯还了债,还给了他一笔钱,足够他坐船去东印度。这是查尔斯希望去的地方,他想找回自己失去的财富。这位善良体贴的朋友还替他说和,让他和亲戚们重归于好,这再一次振奋了他的精神。

他顺风航行,命运满足了他最浪漫的愿望。十五年的时间里,他挣到的钱超出他的期望。他想回国看看,不,是在祖国安顿余生。

尽管他被最强烈的感激之情打动,可还是弄丢了朋友的通信地址。然而,他知道朋友有个女儿,于是,他的第一个决定就是把自己的大部分财产留给她,作为表达感激之情的最有力证据。这个念头使他高兴,足以使他消磨好几个月。可是他无意中听说朋友在贸易上很不成功，他想赶紧回国，只是还没改掉拖延的毛病。离开前，他需要先将个人事务处理妥当，却一而再再而三地将这个艰巨的任务往后推。不过他也写了信回英国，还把一笔可观的款项转给了自己的一个通信者，希望这人能为他把这幢房子准备好，并结清抵押的贷款。

耽搁他登船的种种事务简直多到不胜枚举的程度。回到英国后，他来到这里，天真地希望将房子装饰得很有品位，这让他在找朋友前又浪费了一个月。

但是他的疏忽受到了严厉的惩罚。他得知朋友陷入了极大的困难，被投进他自己待过、朋友又把他救出来的那座监狱。汤利急忙赶到那里，却只发现朋友的尸体，朋友头一天刚刚死去。桌上的碎纸片里夹着一封信，那是一只握笔不稳的手写给查尔斯·汤利的。汤利把信撕开。信只有寥寥几行，字迹很难辨认，但却重重锤打着汤利的心。信是这样写的：

不可预见的不幸将我贬低，然而，在我听说你要到来的那一刻，一缕喜悦之光将我的心底照亮。我想我知道你的心，知道有你的陪伴，我的晚年或许还能过得舒适,因为我爱你,我甚至期待着快乐。但是我错了,死亡是我唯一的朋友。

他一遍又一遍读着信,嘴里嚷道,上帝啊,如果我早一天赶到,就能见到他,他就不会死了,也不会认为我是世上最忘恩负义的可怜虫了!然后他紧握拳头,击打自己的额头,疯狂地环视这间沉寂的牢房,用一种哽咽但是不耐烦的语气叫道:你昨天还坐在这儿,想着我的忘恩负义。可是你现在在哪儿啊?啊!我要是能看到你该多好!啊!但愿你能听到我悔恨的叹息!

他命人埋葬了朋友的尸体,然后带着悲伤和沮丧回到家。他沉溺于这样的情绪里,忘了打听朋友女儿的下落。他原本打算为了朋友的缘故厚养这女孩,但是现在却一味伤心。

又过了一段时间,他派人去打听那女孩的下落。得到的消息越发加重了他的痛苦,给了他沉重的一击。

原来,在她父亲生前,这个温柔可怜的姑娘和一个值得尊敬的年轻人订了婚。但是,她父亲死后不久,为了阻止这场婚事的发生,她未婚夫的亲戚把这男子送到了海上。女孩孤立无援,没有足够的勇气与贫困作斗争。为了摆脱贫困,她嫁给了一个她讨厌的老浪子。此人脾气不好,诸多恶习使他成了一个可怕的伴侣。她徒劳地试图取悦他,试图赶走使她消沉、使财富及其所能带来的一切乐趣都变得无趣的悲伤。她温柔的父亲死了,她又失去了爱人,没有朋友,无人可以倾诉,沉默的愁苦吞噬了她。我告诉过你们,只有有德之人才有友谊,而她丈夫是个恶毒之辈。

啊!玛丽说,她为什么结婚?

因为她胆小,但是我还没有把一切都告诉你们。她心里的愁苦扰乱了她的理智,她丈夫把她关进了疯人院。

查尔斯听说了这件事,就去看她。芳妮,他说,你还记得你的老朋友吗?芳妮看了他一眼,有一刹那理智回归,使她脸上露出痛苦的痕迹,但是颤抖的光芒很快消失,狂野的幻想又开始在她眼里闪烁,激得她不停地嚷叫。她唱了几首歌,谈到她丈夫的恶习,问他最近是否出海了?她还经常跟她父亲说话,好像他就坐在她椅子的背后或旁边。

查尔斯无法忍受这一幕。如果我能像她一样失去悲伤的感觉,他叫道,这种无法忍受的痛苦就不会像现在这样撕裂我的心!他为她准备的财产无法恢复她的理智,但是如果他能在她父亲死后不久就把她接来,或许还能救她,并且安慰自己。

最后一击比第一击更糟,他退居到这幢房子里。忧郁悄然袭来,他开始任由胡子生长,也任由花园荒芜。那个可怜的疯子住在其中一间房,他找了个合适的人照顾她,使她避开她可能会遇到的危险。他每天都去看她,一看见她,任何健全的头脑几乎都会错乱。当他的良心责备他,低声说他忘了行善,忘了为一个合理的目的而活的时候,他还怎么受得了?友谊的甜蜜他无缘品尝,他每天都在沉思所有世象中最令人悲伤的一幕:人类理解力的毁灭。

他没有立遗嘱就死了,因此地产被提起了诉讼,但是由于无法证明其所有权,只好任由这栋房子变成今天这个样子。

然而夜幕就要降临,我们必须赶快回家。把你的手给我,玛丽,你在发抖。我当然不想让你记住这个故事。冷静点,我的孩子,记住,你必须处理好琐事。如果你想保持良心的清白,就应该在今天尽你所能,不,就在现在,把能做的一切好事都做完。这种谨慎也许不会产生炫目的成就,你沉默的美德也不会得到人们掌声的支持,但你的父亲会在暗中看到,他会奖赏你。

布莱克插画：

冷静点，我的孩子，记住，

你必须今天就把能做的一切好事都做完

十一

穿着。某女士。对诚实夫人穿衣风格的评论。琐事上的疏漏会破坏感情。

玛丽拖拉的脾气还产生了很多其他不良后果：她会在床上躺到最后一刻，然后不洗脸也不刷牙地走出来。梅森太太经常看到这一点，并暗示她不喜欢这样，但是她不愿意用训诫加重玛丽的负担，就想等一个明显的例子出现。很快就有了这样一个例子，她决定不放过机会。

有位女士在这方面的疏忽是出了名的。她和她们一起度过了一星期，在这期间，这位女士经常扰乱她们的家庭生活。她的穿戴很少适合见人，如果碰巧有人来吃饭，她会让大家等到菜都凉了，才胡乱穿上一件挑选不当的华服出现。同样，如果有人提议举行一个小小的欢乐聚会，而她没人服侍，只能自己穿衣服的话，那么这种匆忙会使她心烦意乱，也会使那些不愿浪费时间、只期待一点小小娱乐的人感到疲倦。

这位女士走后几小时，梅森太太就问玛丽本周的经历对她有何影响。孩子，你喜欢嘲笑，但是经常嘲笑得不是地方。真正值得讥嘲的事情被你放过了,你忽略了那些指向你自己错误的无声责备。不要误会我,我不是想让你嘲笑可笑之事,我是希望你能感受何为可笑,并学会辨别愚蠢。懒散太太的疏忽是由懒散造成的,她的头脑没有用在正事上;即使用在了正事上,也不足以成为她习惯性地忽视男人——同时还有女人——的核心职责的借口。我说习惯性,是因为其他时候对个人外表相当注意的人,经常会由于悲伤而粗心起来。这种疏忽无疑是一种迹象,表明尺蠖正在起作用。我们应该同情而非责备不幸之人。事实上,当心灵的痛苦产生这种疏忽时,它不会持续太久。灵魂会挣扎着想要解放自己,回到自己通常的氛围和旧习中去。我们所说的那位女士总是邋里邋遢,有时惹人厌恶,有时却又爱好廉价俗丽的调情。

我不断告诫卡罗琳不要花太多时间修饰自己,但是我从来都不希望你[玛丽]忽视外表。智慧在于避免走极端:对衣着的过度爱好,我称之为虚荣,但是避免奇装异服,对此加以适当注意,并不能算是虚荣;不要在琐事上浪费太多时间,但是花在琐事上的必要时间须适当利用。锻炼你的理解力,品位会从中而来,会立刻为你指引方向,只要别太刻意迎合不断变化的时尚,也不要在想象力最为活跃、本该允许其在年轻温柔的心中定格高尚情感的时候，在辛苦的无聊功夫上打转。

在我见过的所有女人中，诚实夫人似乎最能摆脱虚荣心以及那些贬低女性性格的轻浮观点。她的美德值得尊敬，对这些美德的实践占据着她的头脑，同时她的衣服显然也是经过精心挑选的，而且你们总是看到她穿着同样的衣服。她和很多女人不同，这些女人哪怕只是散个步，也会刻意打扮，竭力突出自己。可是当她们待在家里时，衣着上却又粗心大意，甚至邋遢不堪。诚实夫人的做法恰好相反，她尽量避免新奇，因为她不想违背大众审美，可是她取悦的对象只是家人和朋友。

在着装上，应该注意的不是细节，而是整体，而且每天都要注意。这种注意使人感到轻松，因为你的着装会显得既优雅，又不刻意。梅森太太接着说，永远不要想在琐事上胜出，如果你这样做了，对美德的效法也就结束了，因为人的思想不能二者兼顾。当一个人追求的主要目标是琐事时，他的性格当然也会变得琐碎。习惯性的整洁值得赞扬，但是如果你想被人认为是一个穿得好、穿得优雅的女孩，想因此得到赞扬，从中感到快乐，那你就是虚荣。值得称赞的志向是不能与虚荣共存的。

仆人，以及那些头脑非常有限的妇女以穿衣打扮为所有乐趣,却经常忽略衣着中唯一重要的一点——整洁。

我一点不反对你们按年龄穿衣,我反而鼓励你们穿最鲜艳的颜色,但是我坚持认为你们要有一定程度的一致性。当你们出现在我面前,忘了做你们该做之事,而那事是你们永远不应该忽略,而且做好它连一刻钟的时间都用不了的时候,我会认为你们不尊重我。

我总是在早饭前就穿好衣服,如果你们没有足够的借口、明显的借口,我希望你们也能以我为榜样。玛丽,你昨天错过了一次愉快的散步。如果你没有忘记对我的尊敬,没有那样不修边幅地匆忙下来吃早饭,我是会带你一起出去的。但是我不想等你准备好,因为你没有准备好完全是你自己的错。

当父亲的和一般男人都会抱怨这种疏忽,因为他们总是在等女人。你们要学会避免这个错误,无论它在你们眼中是多么微不足道,因为有时候,这类削弱你们自尊的习惯并非无关紧要。当我们在琐事上经常原谅他人,我们的头脑里会萌发一种观念,认为这人品性卑劣,往往对这人心生蔑视。人际间的忠诚必须以对理解力的尊重为基础。来自怜悯的柔情很容易在不知不觉间消失,消耗一空。即使是心灵的美德,当其退化为软弱时,也会使我们对一个人的评价变差。此外,粗俗的狎昵还会取代体面的感情。只有尊重才能使家人间的亲密关系成为持久的安慰，但是还没等我们意识到这一点，尊重已经失落了。

十二

仆人的行为。真正的人格尊严。

一天早上，孩子们没有按平时时间下来吃早饭，于是梅森太太自己上去查看究竟。当她走进孩子们的房间，正听见玛丽对服侍她的女仆说，你竟敢这样跟我说话，你的无礼真让我吃惊，你知道你在跟谁说话吗？她还想说下去，结果被梅森太太打断了，而且梅森太太回答了这个问题——对一个小女孩——你只是因为弱小才被人服侍。玛丽羞愧地往后退缩，梅森太太接着说，既然你对大你十岁的贝蒂出言不当，那么你现在必须独立完成每一件事。既然等你干完还需要一段时间，卡罗琳和我会先吃早饭，然后我们会去拜访诚实夫人。等我们回来的时候，你或许已经想起了一点，那就是小孩不如仆人。因为仆人能按理性行事，他们的理解力已经达到某种程度的成熟，而小孩却必须接受管教和指导，直至理解力足以自行运转。正是对理性的恰当运用才使我们在任何程度上都成为独立的人。

梅森太太散步回来后,温和地对玛丽说,我经常告诉你,只要我们不反常地违背自己的利益,上帝的每一个恩赐都会有助于我们的进步。造物间彼此依赖,爱和忍耐可以软化人心,地球大家庭由必要性和社会感情的行使联系在一起,家庭成员间可以彼此产生同情。人类通过这些手段相互提升,但是并没有谁真正卑下。

你读过这样一则寓言:尽管人体所有部位都是维持生命所必需,但是头认定自己比其他部位优越。如果我对待仆人不当,我就成了他们的下等者,因为我滥用了信任,没有模仿上帝。而我是上帝的仆人,我和上帝之间没有丝毫的平等可言。小孩是无助的。你无助,所以我吩咐仆人服侍你,但是我对你的尊敬不如对仆人的尊敬多。你有可能成为有德之人,可是我的很多仆人已经是这样的人了。他们尽职尽责,认真填补一个卑微的职位。难道你还敢轻视你的造物主认可的人吗?

在俗世最伟大的人面前,我不应该感到畏惧,因为他们和我一样都是上帝的仆人。他们地位虽高,但地位就像人的美貌一样,只会使庸人目眩神迷,我却可能拥有更多知识和美德。当我和穷人为伍的时候，同样的感觉激励着我。我们是同一性质的造物，在那些应该装饰我的灵魂、使我真正伟大的恩典中，我可能还不如他们。

我要向你们重复多少次小孩不如大人的道理呢。因为小孩的理性还处于婴儿期，而正是理性使人高于畜生。对理性的培养使智者高于无知者，而智慧是美德的另一个名称。

今天早上，当我走进你的房间，我听见你正在侮辱一个值得尊敬的仆人。你在那之前刚做过祈祷，但那一定只是口舌之功，你的心并没有参与到这项神圣的事业中，否则你不可能这么快就忘了你是一个软弱、依赖别人之人。只有当你践行怜悯和慈善的时候，你才可以接受怜悯和仁慈。

我劝你请求贝蒂原谅你的无礼。在这之前，她是不会服侍你的。没有这些仆人的帮助，你会发现自己非常无助：不会做饭，不会烤面包，不会洗衣服，甚至不会穿衣服。这种无助的造物就是小孩。你看到了，我知道你是什么。

玛丽顺从了。从此她在念了祈祷词后，都会想起她要努力克制自己的脾气。

十三

做事。无聊产生痛苦。对幻想的培养使我们超越庸俗,拓宽幸福,并将我们引向美德。

一天下午,梅森太太让孩子们自娱自乐,可是她们却无精打采,不知道该做点什么。无事可做似乎把她们弄得筋疲力尽。虽然刚吃过饭,她们还是吃了蛋糕,并且做了很多傻事,而这仅仅是因为无所事事。梅森太太见她们犹豫不决,找不到事做,就要卡罗琳帮她做衣服,这是一个可怜女人需要的衣服。她又说,我们做针线活的时候,玛丽可以给我们读个有趣的故事,故事由我指定。

故事引起了孩子们的兴趣,她们听得很认真。故事读完后,梅森太太告诉她们,她有些信要写,不能再像往常一样去散步了,但是她允许她们代表她,像女人一样行动一次。两个女孩接受了她的委托,也就是把给那个可怜女人做的衣服带给她,了解她现在的需求,对她所需要的紧急救济做出自己的判断,并采取相应的行动。

她们高兴地回到家,急切地告诉梅森太太她们所做的一切,还有她们离开那个可怜的女人时,她是多么地感激和高兴。

梅森太太说，现在看看有事做的好处吧。三个小时前，你们还不明所以地不舒服，也不知道该干点什么。不，你们其实犯了一宗罪，因为你们不饿却只是为了消磨时间而吃蛋糕，而很多穷人甚至连自然需求都满足不了。我要你们读书给我听的时候，你们觉得很有趣。现在你们更是成了有用之人，也就变得高兴起来。将来再不知所措的时候，不妨回想一下今天，记住：无聊总是不能忍的，因为它是一种令人讨厌的意识，只能让人知道自己还活着。

上天赐予我们的每一份礼物都是借给我们的，目的都是为了使我们获得进步。幻想是我们最早获得的比较低级的一个天赋，在培养幻想的过程中，我们获得了所谓的品位，或是对做某事的爱好，它占据了我们的闲暇时间，使我们能在交谈中超越庸俗。无品之人总是谈论自己或邻居的事，他们会详细追究和猜测他们知识范围内的每一件小事。他们这么做与其说是出于恶意，不如说是无聊，就像你们吃蛋糕时没有饥饿的冲动一样。人们还用同样的态度谈论吃穿。有人盼望吃饭，仅仅是为了把一天分段，因为他们没法更有趣地利用两顿饭之间的时间。我们培养的每一种新品位都给我们提供了一个逃避无聊的庇护所,一个抵御邪恶攻击的堡垒。我们做的事越高尚,思想就越会升华。音乐、绘画、有用和新奇的作品,都能娱乐和陶冶心灵,磨砺才智,使我们在不知不觉间形成一定的判断。当判断获得力量时,激情也会获得力量。我们有行动需要权衡,因此我们的举止需要品位。而品位是一种微妙的礼仪感,它能给美德以优雅。在孤独的娱乐中,最高尚的一种是阅读,但是即使是在拣选书籍时,最先用到的也是幻想。因为在阅读中,心灵被触动,直到情感得到理解力的检验,同时理性的成熟调节着想象力。这是多年的工作,也是所有工作中最重要的一种。随着生活向前推进,如果心灵能够接受早期的印象,头脑能够推理并保留从中得出的结论,我们就会获得一份知识的储备。这是一座金矿,我们可以不受外界环境的影响,时不时地对之加以再利用。

至高无上的上帝自身即拥有一切。我们从他而来,我们的知识和感情也必须回到他那里去,从而得到与之适合的事情做。那些和上帝最相像的人应该成为我们爱的对象,我们对这些人的爱仅次于我们对上帝的爱。我们应该试着与之交往,以便从他们的陪伴中得到满足,虽然这种满足和上帝相比是低级的。但是放心,我们的主要安慰必须来自头脑对自身所作所为的审视,以及良知发出的赞许的低语,这样我们才能相信生活并没有一事无成地就此溜走。

十四

清白的娱乐。对一座威尔士城堡的描述。一名威尔士竖琴手的故事。一名暴虐的地主。家族自豪感。

眼下正是收获的季节,新的景象和晴朗的天气使孩子们高兴起来,她们不停地跑出去看收割者。的确,一切似乎都带着喜庆的神情。成熟的玉米在自身重量的负累下弯下了腰,或者站得更直了,展露出丰盈的笑脸。

梅森太太总是让拾穗者拾够量,因此很多穷人会来此采集一点收成。梅森太太很高兴看到小孩和老人可以用他们虚弱的双手收集散落的麦穗。

老实人杰克一家也来了。一天的劳作结束后,杰克会弹琴取乐。虽然那琴通常只有三根弦,却能使人们的脚步活动起来。姑娘小伙在绿草地上跳舞,忘了所有的忧虑。

每年这个时候,总会有一位威尔士的老竖琴手来梅森太太家演奏,并且会待一个月甚至更长时间,因为梅森太太特别喜欢这种乐器，对演奏者的命运也很感兴趣。当我们把一个人从困境中解救出来时，情况几乎总是如此。

她告诉孩子们，有一次她在威尔士旅行时，马车在一座旧城堡的废墟附近翻车了。还好她没有受伤，趁着车夫管马、仆人赶去邻村求助的功夫，梅森太太决定到四周走走。

天快黑了，灯光在散落的村舍里闪烁。这一幕使我很愉快，梅森太太说，我想起了随着时间的推移而展现出的各种风俗习惯，也思考着威尔士当年的境况。这座城堡现下虽然荒凉，当年却是一个贵族之家的首领的好客居所。我的脑海里全是这些想法，此时竖琴声传至我的耳畔。再也没有什么比这个更恰逢其时了，威尔士的这种民族音乐似乎把我想象中的图画变成了现实。我听了一会儿，试图追踪那美妙的乐音。短暂的搜寻后，我发现了一间简陋的小屋。一座旧塔楼的墙壁支撑着茅草屋的一部分，几乎无法抵挡雨水，房子另外两侧则由石头加固而成，或者更确切地说，是由泥巴和黏土混合的灰浆砌成的。

我走了进去，看见一个老人正坐在壁炉旁，壁炉里燃烧着几根零散的柴禾。一名年轻妇女正抱着一个孩子喂奶,另一个孩子则坐在她的膝头,还有一头母牛和一头小牛站在旁边。那老人一直在弹竖琴,见我进来就起身把他的椅子(也是房间里唯一一把椅子)让给我坐,自己则坐在烟囱角落的一个大箱子上。门关上后,房间里所有的光都来自这个叫作烟囱的洞,但是光线并没有使房间活跃起来。为了解释我的闯入,我说了我的事故,并请竖琴手再次弹奏那件吸引了我的乐器。一扇由树枝和干树叶做成的隔断隔开了这间屋和另一间屋,我从中看到了一盏灯。我打听了一下,喂奶的妇人很诚实地告诉我,她把那间屋租给了一个刚结婚的年轻淑女。这个女子和一个体面人家有亲戚关系,她不愿意住在任何地方,也不愿意和任何人同住。这个消息使我微笑起来,暗想家族自豪感应该是极端贫困中的一种慰藉吧。

我在那儿坐了一会儿,然后竖琴手陪我去看马车是否修好了,结果发现马车已经在那儿等我了。我要投宿的那间旅店离此地只有两英里,因此竖琴手主动提出在我吃晚饭的时候为我演奏。这正是我所希望的,因为他的出现激起了我的同情和好奇,于是我让他带着竖琴上了马车。晚饭后,竖琴手告诉我,他曾经有过一个很好的农场,但他不幸得罪了一个法官。那人坚决不肯原谅

布莱克插画：

试图追踪那声音，发现了一间简陋的小屋

他，想着法子要毁掉他。这个暴君总想让佃户们在自己的庄稼还没有收割时就帮他把他的庄稼收回来。可怜的竖琴手有一次正在自己的地里忙活，结果接到命令，让他第二天就带着马车和仆人赶到这个小国王的地里去。竖琴手愚蠢地拒绝了，这为后来的仇恨埋下了隐患，还造成了致命的后果。啊，夫人，这位受难者说，你如果听说了他对我及其他可怜佃农的种种残忍做法，你的心也会痛的。他雇了很多工人，给的工钱还不如普通农场主给的高，但是工人们给他干活的时候，不敢到别处做工。他们打的鱼必须先交给他，否则他就不许他们从他的地盘经过去打鱼。他们篮子里最值钱的那些东西，他随便拿点什么就交换过去了。

　　他压迫别人的事，我说也说不完。总之，我不得不离开我的农场，和女儿女婿同住。我的女儿——你今天晚上看到了——嫁给了一个勤劳的年轻人。可是你相信吗，就在这时，这人把我儿子投入了监狱，就因为他杀死了一只野兔，可是乡下人只要能在自己地里抓到野兔，都会这样做的。我们再一次陷入极大的困境，我和女儿在荒野中建造了你刚才看到的那间小屋，好让可怜的孩子们有个栖身之处。我靠弹竖琴维持他们的生活，这家旅店的店主允许我向过路的绅士们演奏，能挣到几便士,刚够维持生计,还能给我可怜的儿子约翰·托马斯送点面包。

接着,他演奏了一首最凄惨的威尔士小曲。演奏到一半时,他大声叫道:这人就是个暴发户,蘑菇①而已!他爷爷是我爷爷的放牛郎!这话我告诉过他一次,从此他就耿耿于怀。

老人接着告诉我,这人现在住的城堡原来属于他家。人世间的沧桑变化和时运机会就是这样,他说着,然后又急忙奏起一首欢快的曲子。

当他拨弄琴弦时,我也在想时代给生活带来的变化。那些曾使大厅充满欢乐的人们的后代现在正在废墟中哀悼,竖琴也挂在崩塌的城垛上。这就是建筑和家庭的命运!

把竖琴手打发走后,我派人去请店主,想再做一番调查,结果发现自己没有受骗,于是决定帮帮这个老人。我把这次意外视为天意。我认识附近一个重要人物,就去拜访他,想让那个年轻人获释。我成功了,不仅使他回到了家人身边,还说服了我朋友让这个年轻人在他的庄园里租下一个小农场,我还给他钱买了牲畜和农具。

---

① 因蘑菇生长迅速,故在英文中也指突然闯入人们视线的暴发户。

老竖琴手的感激之情无穷无尽。之后的那个夏天，他来看我。从那以后，他每年都会想方设法来给我们的丰收之家增添生机。今晚就是庆祝的时机。

夜晚到来了，喜庆的人群开始欢乐地起舞，谷仓地板上传来了他们的脚步声——那不是被时尚教导出来的轻巧奇妙的脚步移动，而是发自内心的诚实欢乐。还有那响亮的笑声，假如说它代表头脑的空洞，它也在大声地宣布心的朴实。

梅森太太总在这个时候给人们送些小礼物，好让临近的冬天舒服些。她通常会给男人们送上暖和的衣物，给女人们送上编织和纺线用的亚麻和毛纱。新年伊始，最勤劳的人们还会得到奖赏。孩子们也会得到书和小饰品。大家都盼望这一天的到来，并且带着最亲切的笑容接待他们的老朋友——竖琴手。

十五

祈祷。月下即景。隐忍。

竖琴手常常坐在离房子几步远的一棵大榆树下弹奏一些极哀怨的威尔士曲调。人们吃晚饭的时候，梅森太太要他弹一些她喜欢的曲调。她和孩子们绕着大榆树走,竖琴手则坐在另一棵树的树桩上。

　　月亮在无云的威严中升起,旁边还有很多星星闪烁。柔和的风景给人宁静的感觉,乡村音乐的旋律赋予整个场景一种令人愉悦的忧郁。眼泪开始流,虽然几乎不知道为什么而流。看到眼前这种欢乐场面,梅森太太的心里满是喜悦,每一种温柔的感觉都被唤醒了,这使她精神振奋。她和她使之欢乐的穷人一起欢笑,而当她回忆起自己的忧伤,青春时的幻想,以及那些曾经剪断时间翅膀的快乐期许时,她又哭了。她转向两个女孩说,我年轻的朋友们,我曾经很不幸,但是现在我的悲伤是平静的。当我初入人世时,沉重的不幸遮蔽了我所凝视的太阳的光辉。早年的依恋已经被打破,我所爱的朋友们的去世使我的日子阴云密布。富裕的光芒,甚至仁爱的光芒,都无法驱散阴霾,但我并没有迷失在浓雾中。我的心境很像你们眼前的此情此景,它是安静的。我已经戒绝了这个世界,但我并不厌恶这个世界,因为我仍然可以行善。未来,太阳将会升起,鼓舞我的心。在经历过死亡的夜晚后,我欢呼永恒白天的到来!我告诉你们我的心境,从而告诉你们支撑我的是什么。

　　内在的欢庆和外在的平静使我的思绪自然而然地指向我的慰藉之源,指向那一切祝福的伟大赐予者。

孩子们,祈祷是人类最宝贵的特权,是一颗富有感情的心的支撑。我的心经常被忘恩负义所伤,我深爱我的同胞,他们却将我忽视。我听过他们最后的叹息,我把目光投向一个空虚的世界。但是那时,我更加特别地感受到了造物主的存在,于是我在他的面前倾吐灵魂,结果我不再孤单!现在,我每天都会静思他美妙的善。尽管与他差距甚远,我还是会尽量模仿他。对人世的这种看法是对积极的鼓励,是失望中的安慰。

事实上,当我们学会了将造物主视为真理之泉,并且我们的理解力也在自然而然地渴望真理时,我们就有了一种与造物主持续不断的交流。我们的能力虽然有限,他的善却更加使他处于与我们同等的水平上,因为我们在每一件仁慈的工作中都能看到这种善,我们尤其能在悲伤中感受到他慈父般的关怀。当我们认为祝福是从他而来时,祝福就加倍了;当我们相信苦难是被派来纠正而非压垮我们时,苦难也就几乎不再是苦难。只要我们还能感激和敬仰,我们就必须敬拜上帝。

人类的灵魂是这样构造的:真和善一定使它充满了无法形容的快乐。它越接近完美,就越热诚地追求这些美德,也就越能看清美德之美。至高无上的上帝存在于宇宙之中。他对好人坏人都一样,本质上都在场。但是好人喜欢有他在场,试图取悦他;坏人则回避这位法官,因为这位法官的本性太纯洁,看不到罪孽。坏人希望岩石遮蔽他们,希望我们前几天看到的山峦或者汹涌的大海隐藏他们,不让上帝看见他们,可是其实只有在上帝面前,他们才能得到欢乐。你们能感到有情绪激励你们去行善,而当你们抗拒内心忠诚的监督时,痛苦的情绪又会扰乱你们。你们越有智慧,成长得越好,上帝就会变得越明显——如果我可以用"明显"这个词。智在于把上帝找出来,善则在于努力模仿他的属性。

为了获得伟大,我们必须树立一个榜样,以锻炼我们的理解力,调动我们的情感。因此,对上帝宽仁无私的认识触动着我们,其程度远非一个堕落的头脑所能想象。当上帝之爱在我们心中播撒时,真正的勇气会激励我们的行动,因为什么也伤害不了那些信仰上帝的人。如果我们总是渴望行正确之事,如果我们的灵魂充满对善的崇拜,我们就可以说是在不断祈祷。如果我们试图公正对待我们所有的同类,甚至公正对待兽类,并尽我们所能去帮助他(它)们,我们就证明了我们是谁的仆人,我们在生活中转录抄写的又是谁的法律。

你们祈祷的时候,永远不要太焦虑该用什么词。调整你们的思想,记住,美德能平息愤怒,能让理解力变得清晰,并为其打开快乐之门,那是轻率和邪恶之人根本看不到的快乐。相信我,你们必须认识上帝,才能找到和平,超越世俗的诱惑。习惯性的虔诚对我们的幸福而言至关重要,因为最常占据我们思想的东西会影响我们的行为。但是,注意我所说的,虔诚如果不能改善我们的道德品质,就成了嘲弄和自私。

自古以来,人们向魔鬼祈祷,向他献祭自己的孩子,犯下各种野蛮和不洁的罪行。但是我们服侍的既然是一位长期受苦的神,就应该怜悯同类的软弱。我们不可乞求怜悯,也不可显摆怜悯。我们不能承认自己做了错事,而将来又不想尽量避免再犯。我们对待他人应该像我们期待他人对我们那样。这是实事求是的祈祷!践行这些的人常常会感到崇高的快乐,强烈的希望使他们在泪谷中还能生机勃勃。这似乎是日后他们将会享受到的幸福的预先体验,只要那时他们的理解力更开放,感情也调节得更得当。

明天我要带你们去看望村里的女教师,我要讲述她的故事,以证实我所说的话。

现在你们可以去跳一两支舞,我呢,我想一个人出去走走,然后再加入你们。

十六

虔诚的好处。乡村女教师的故事。在崇高先生的人生中，不注意开支导致的致命结果。

第二天早上，梅森太太要孩子们把针线活拿来，坐到桌边，她好同时讲她答应的故事。下午，如果天气好的话，她们就去看望村里的那个女教师。

女教师的父亲，尊贵的崇高先生，是一个贵族家庭的小儿子。尽管他的财产很少，所受的教育却很好。亲戚们似乎决心要推动他在人生道路上前进，可是他辜负了众人，娶了一位乡村牧师的女儿。这女人是个有才华，有头脑的人。

他们的女儿安娜出生后不久，崇高先生的哥哥凯尔马森伯爵跟他和好了，但是这种和好只是造成了他更多的支出，为他有限的财力所无法承受。崇高先生是个荣誉感很强的人，花钱很大方。他还非常仁慈，他的同情心一旦迸发，付出的会比他能负担的多得多。他从未做过卑鄙之事，可是有时候一种炫耀式的骄傲暗淡了那些非常辉煌的骄傲的光彩，使其在明智者看来更像是金属片，而非金子。我会解释这一点。他的第一个冲动来自感性,第二个冲动来自对人类掌声的过分渴望。因为他似乎对虔诚的情感并不敏感,也没有这样一块磐石可以依靠:哪怕所有的自然相加,想要将其粉碎,这块磐石也可以为虚弱之人提供支撑,予人以真正的尊严。

崇高夫人并非一个光彩夺目的人物,但是我要给你们读一读一封信的部分内容,这是她女儿——我们要去看望的那位女士——写给我的。

今天是一位备受爱戴和尊敬的母亲从尘世的枷锁中解脱出来的周年纪念日,我怀着特别严肃和感激的心情纪念这一天。我母亲的悲伤是巨大的,考验是严峻的,可是她的行为无可指摘。然而世人并不钦佩她。她之所以养成沉默谦虚的美德,并非为了吸引不明智之人的注意,她的理解力也没有强到足以引人钦佩的地步。但是她不理世人的俗见,只从自己美德的源头寻求奖赏,而且她也找到了那奖赏。虽然上帝出于明智和仁慈的目的,让她受苦受难,可是上帝也在她经受考验时支持了她,并因此唤起了那些上帝用来装饰她温柔灵魂的美德,让她行使了这些美德,还给了她一种她能真心感受到的慰藉,而这是任何世俗祝福都无法给予的东西。

这位慈母在安娜即将十八岁时过世了，安娜交给了父亲照料，并从父亲那里继承了那股高兴劲儿。然而，母亲灌输的宗教原则规范了她的荣誉观，提升了她的品格，使她的心灵受到了理解力的支配。

她母亲死后，父亲不知不觉欠了债，尝试了各种生活计划。起初，所有这些计划的前景都很光明，但是由于缺乏那种能够让人再次振作起来的柔韧性情，父亲的挣扎非但没能使他解脱出来，反而让他越陷越深。再加上没有宗教的支持，他变得阴郁易怒，几乎开始仇恨起世界来，虽然先前他曾经那么热切地追求世人的掌声。终于，他的事务陷入了绝境，不得不勉强接受他哥哥的邀请。由于他的嫂子多病，哥嫂二人遂打算在欧洲大陆待上一段时间。做女儿的安娜自然也要和父亲一起。

责任的约束与他的脾气不合，他觉得自己靠别人生活，觉得每个人都想侮辱他。

一天，一位绅士当着很多人的面说了些挖苦的话。这些话并非针对任何个人，但他还是发了火。他气恼的精神很容易受伤，他怨恨这些话。在喝了酒、头脑发热的情况下，他们二人都说了些头脑冷静时不会说的话。崇高先生认为自己的名誉受到损害，第二天早上就向对方发出了挑战。他们见了面，他杀死了对方。对手临死前却原谅了他,并宣布使他感到如此冒犯的那些话只是随口一说而已,并没有针对任何人。

垂死之人哀叹鲁莽一生的生命之线就这样突然崩断,他妻子和孩子的名字这人已经无法说清了,但他苍白的嘴唇里还是冒出了一句为他们祈祷的话,震颤了他耗尽力气的身躯。鲜血汩汩直流,崇高先生徒劳地想把血止住。心脏失去了生命的养分,那人的手紧抓着毁灭者的手,灵魂随之消散。崇高先生发现对方没了呼吸,就跑回家,急忙冲进自己的房间。死者的形象萦绕在他的脑际,他吓了一跳,想象那人就在他的身边。他甩着那只垂死之人曾经紧抓过的手,然而那只手仍然被抓着,力道渗入他的灵魂。桌上放着两把手枪,他抓起一把,开枪自杀了。枪声惊动了全家。哥哥不在家,仆人和女儿破门而入,看到了那可怕的一幕!伤者还有一丝生命的迹象,就像一道颤抖的光,女儿抱着他,派人去找医生。但是很快,还没等到仆人把外科医生带回家,他就死在了女儿怀里,一句话都没有说。

恐怖攫住了她,桌上还有一把枪,她拿起了枪,但是宗教握住了她的手,于是她跪在死去的父亲面前,向另一个更崇高的父亲祈祷。头脑渐渐平静下来,然而她仍然热切地渴望听到父亲开口说话,或者她已经向他离去的灵魂传达了慰藉。他的灵魂能到哪儿寻找慰藉呢？哪儿？她只得再一次求助于祈祷。

她父亲死后，她伯母把她当成了一个单纯依靠她财产过活的人，期待她在每个方面都当个谦卑的陪伴者。客人们也都用她伯母那种语气跟她说话，她不得不忍受种种屈辱。

一个人进来谈事，打断了梅森太太的叙述，但她答应晚饭后继续。

十七

虔诚的好处。乡村女教师的故事就此结束。

桌布一撤下来，梅森太太就继续讲述，直至讲完。姑娘们听着续集，都忘了吃水果。

这样的待遇安娜忍受了一些年，这使她了解了世界和她自己的心。她看望过外祖父，本想和他一起生活，但是看他收入微薄，还在焦急地给另外两个孙子攒钱，就决心不去消耗他的那点钱。她不停地想自己的处境，在仔细检查了自己的理解力后，她发现她所处的时髦圈子无论如何也不能给她带来多少满足感，甚至连乐趣都谈不上，同时她遭遇的忽视和蔑视又令她很不舒服。她有她父亲的独立精神,决心摆脱长期以来让她苦苦挣扎的沉重枷锁,自己养活自己。熟人劝诫她,向她描绘了贫穷的痛苦,以及她将不得不面对的屈辱和困难。就这样吧,她回答说,那总好过为骄傲或邪恶的伟人充当随从、扩大他们的队伍;总比忍受这类人的无礼、吃了他们的苦面包还要自己鄙视自己强。事实上,心满意足地吃糠咽菜更好。我的需求不多。我要是能自己当家做主,我挣来的面包皮都会是甜的,我喝的水也不会掺入悲伤或愤怒的眼泪。

让我简短地说吧。她在尝试了几项计划之后找到我,征求我的意见。她不愿意接受任何太大的恩惠,她说最大的恩惠就是让她自己养活自己,而且还不丧失她高度重视的独立。我不知道该给她什么建议,但是我在考虑这件事的时候,碰巧提到我们需要一个女教师。她迫不及待地采纳了这个计划,并在过去的十年间坚持不懈地做了下来,我认为她对我们这个社区而言是笔非常宝贵的财富。

她生来就是要在最辉煌的圈子里发光的,然而她放弃了这个圈子,反而耐心帮助那些交给她照管的孩子,同时她还让自己的心平静下来。她在这两方面都很成功。

她确实是独居的，整天只和孩子们一起，然而她享受了很多真正的快乐。对上帝的依靠支持着她，对上帝的虔诚安慰了她。她活泼的感情因此变成了对美德和真理的热爱，这些崇高的思考为她的举止增添了一份不同寻常的尊严，她似乎超脱于尘世及其一切琐碎的骚乱。她在吃饭时，对上帝的感恩之情代替了这种场合下通常的社交。她有一颗温柔合群的心，既然无法通过向同类表达美好祝愿来让自己孤独的苦酒变甜，她就为朋友的福祉向天堂祈祷，以此作为替代。有时候她外祖父来看她，她会向他提起这种情况，我是听到过的。

现在我要换衣服去了。每次去拜访那些因为不幸而失去原有社会地位的人，我总是注意仪式，以免因为过分熟悉而显得不敬。

十八

探望女教师。真假骄傲。

她们的衣服很快整理好了，女孩们采了些鲜花装饰自己，还做了一个花束送给女教师，因为她的花园很小。

她们遇到了刚放学的孩子。孩子们走过来围着梅森太太，七嘴八舌地说话，想要吸引她的目光，得到让他们引以为豪的注意。女孩们红着脸向梅森太太规规矩矩地行屈膝礼，男孩们则低头立正，脚踢起尘土，向她鞠躬表示敬意。

她们发现女主人正在准备喝茶，好在一天的劳作后振奋精神。很快女教师就以有教养者特有的轻松态度，邀请她们也来喝上一杯，好让茶盘周围呈现更为友善的氛围。

很快，收割进仓成了话题，大家谈起了竖琴手。安娜说：威尔士人的家庭自豪感常常让我感到有趣。我经常听到住在小茅屋里的居民站在他们跟猪圈差不多的茅屋前吹嘘自己的祖先，鄙视贸易。他们告诉我，教堂中间那条过道是他们家的某一支修的，另一支则美化了圣坛，用金字镌刻了十诫，到现在还在那里闪闪发光。有些人庆幸自己的祖先睡在最荣耀的坟墓里，埋骨处立有铭文，说明他们是在何处返归大地母亲怀抱的。其实那些墓穴只有顶上一块小石头显得重要些，可是每个星期天，他们都会用鲜花或绿植将其装饰一新。我们在人类的各种习俗中都能感到一种对生活在过去和未来的渴望——如果允许我这么说的话。

梅森太太接着说,在所有能使人摆脱自我的骄傲中,家庭自豪感是对社会最有益的一种骄傲。对财富的骄傲滋生虚荣和炫耀,但是对血统的骄傲似乎能激发崇高的荣誉观念,驱逐卑鄙。然而,它也能产生很多不良后果,最明显的就是让某些人得到公众的尊重,可是这些人只不过是沾祖先的光罢了。有时候某些人又因为缺乏这种偶然的血统优势,造成其最光辉的美德和能力不为人知。安娜回答说:在弱智者的头脑里,这种骄傲会退化为最卑鄙的愚行,智者也不会屈尊接受二手的名誉。我们的确应该为自己的家世感到骄傲,但是我们应该将其追溯到天父那里,因为是他给我们注入了生命的气息。当我们想和天父一样,当我们确信灵魂的本质必须由真善构成,追求真善必将产生幸福,凡人的虚荣等级必将消失,饰有家族徽章的华丽盾牌必将和庸俗的尘土一道腐烂时,我们就成了天父的孩子!然而,我年轻的朋友们,请记住,美德是不朽的,善来自对真理的快速感知,以及与信念相符的行动。

时间在各种各样的话题中流逝,直到夜色渐深,女教师才劝她们回家,于是她们满怀敬意,不情愿地离开了。

十九

慈善事业。佩吉及其家族的历史。水手的遗孀。

一天早上,梅森太太对她的学生们说,我经常对你们说,我们都是相互依赖的。这种依赖是我们天父智慧的安排,为的是唤起美德,激发人心的最佳情感,并使之成为习惯。当我们传递快乐时,我们也接受快乐,并感受我们不朽灵魂的伟大,因为灵魂总是在努力将自己扩展到未来。

也许迄今为止我所得到的最大乐趣都源于习惯性地做慈善——各种慈善。看到一个痛苦的人,我就想要谈谈慈善的一个分支,那就是施舍。

你们知道佩吉,那个我最想留在身边的年轻姑娘。我是说,为了她好,我希望有机会提升她的头脑,培养她一种良好的能力。至于被人服侍,我从不给任何人添太多麻烦。除非是我病了,否则我从不任意指使人,也不会凭空造出一些需求来。如果我病了,我会感激得到别人的帮助,就像别人生病时,我也会愿意帮助他们一样。我相信我在这个世界上没有比佩吉更忠实的朋友了,她想取悦我的热切愿望满足了我的仁慈,因为我看到人心知道感恩，总是很高兴。

我曾失去一个可爱的女孩，梅森太太说，咽下一声叹息，那是在一个深冬，在那之前，死神已经使我失去了孩子的父亲。失去孩子的时候，孩子的父亲像是又死了一次。

冬天的肃杀恰好对应我的心情，我坐在那儿能一连几个钟头地看雪。茫茫一片、漫无边际的雪。微弱的阳光无法穿透阴沉的浓雾，我的思绪也是如此一番景象。我很不快乐，看到自然一片死寂正符合我的心情，因为在我看来一切都死了。

冰雪融化时，我外出散步，看到鸟儿们垂着翅膀四处蹦跳，或者无言地站在没有叶子的枝头。山两翼的雪已经融化，一眼望去是黑色的，但是山顶上仍有积雪。黑白对比，给沉闷的景色添了些许变化。

我若有所思地向前走，这时一个不乞讨的穷人出现了，给了我沉重一击。他衣衫褴褛，几不蔽体，更不御寒，冷得四肢发抖，此外他脸上显出一种饥饿的锐利神情。我伸出手，手里拿着一点钱，我不想探究这种明显的困苦到底是怎么回事。那个可怜人却抓住我的手，急忙跪倒，惊喜万分地向我道谢，好像他先前已经看不见任何希望，现在却被突然的救济震惊了似的。他跪倒的姿势——因为我不忍心看到任何同类下跪——以及急切的感谢，都压抑着我虚弱的神经，使我一时间不能问他什么问题。但是一镇静下来，我就从他那里了解到了他的不幸遭遇，正是这不幸使他陷入如此极度的困苦。他暗示我，我不会猜到自己做了怎样一件善事。我从这个暗示中猜想，当我看到他时，他是正想要自杀吧。自杀可以使他不至于看到自己婴儿死去的痛苦——活活饿死，从任何意义上说。

现在让我赶快说说后续的事吧。他妻子最近刚生了一个孩子。这女人病得很重，因为缺乏适当的食物，又没法抵御恶劣的天气，匆匆离开了人世。那个可怜的孩子——佩吉，原先还能把营养和疾病一起就着奶水吮吸进去，现在却连那可怜的源头都没了。那个曾经为她提供了一点可怜滋养的胸脯冷了，可是那个天真的小人还在微笑，丝毫没有意识到自己的悲惨。梅森太太继续说：于是我派人把她接来，几年后她父亲去世了。她一直是我所照顾的人里我最喜欢的一个，护理她在某种程度上驱散了那种几乎令我迷失的阴郁。啊！我的孩子们啊，你们不知道有多少"无家之人住在无情的风暴里"。

不久以后，我从一位贫穷妇女那里学到了隐忍的一课,她真是一位务实的哲学家。

　　她失去了丈夫,他是一名水手。由于无法证明丈夫的死,她还失去了丈夫的薪水。她来找我要几块绸布,想给附近一所学校的寄宿生们做些针线包。她丧服的下摆用不同颜色的破布打着补丁,但是这并没有代表各种不幸,反而显示出一种满足的精神,说明物质的匮乏和身体的痛苦并没有让她忽视那些不经意的观察者对她的看法:这个女人突然失去了丈夫和孩子,连每天吃面包都成了问题。我振奋了这位寡妇的心,自己的心也不那么孤单了。

　　我怎么越来越忧郁了呢,而我原本只是想要向你们指出慈善对人多么有益,因为当所有世俗的安慰都枯萎荒芜时,它还能让我们找到安慰。此外,当我们的内心渴望同类时,我们还会感受到上帝之爱住在我们心里,然后我们就不会总是带着悲伤继续走我们的人生路了。

二十

拜访诚实夫人。才艺的运用。美德是所有人的灵魂。

　　下午,她们意外拜访了诚实夫人,发现她正坐在花园里为孩子们弹奏,孩子们则在绿草地上跳舞。看到她们来了,诚实夫人把吉他放在一边,起身相迎。一番交谈后,梅森太太要她再次拿起吉他,两个女孩也提出了同样的请求。诚实夫人唱歌时,玛丽低声对梅森太太说,要是她也能唱成这样,她愿意献出一切。这低语并不算低,因为有一部分传到了诚实夫人的耳朵里,于是她微笑着对玛丽说,我的年轻朋友,你太看重才艺了,才艺可以给美德带来优雅,但是没有了坚实的价值,才艺什么也不是。的确,我可以再多说几句,因为在艺术上,若缺乏对真实和高尚事物的欣赏,不,是愉悦,就无法达到完美。肤浅的观察者可能会对一幅以色彩为主的图画感到满意,音乐中的快节奏可能会让耳朵发痒——哪怕永远不会触及心灵——但是能让我们愉快地、饶有兴趣地聆听的东西却是那些激发了情感的简单曲调。诚实先生对美术很有鉴赏力,而我则希望在每件事上都能和他做伴。他的谈话提升了我的判断力,对他的美德的深入了解激发了我的情感,这种情感又增加了我对整个人类的爱。他过着隐居的生活,当一天的工作结束,我的宝贝们也都睡着了,为了让他开心,我会唱歌给他听。一种取悦别人的欲望,以及我在他眼中看到的快乐,赋予了我的音乐以活力和柔情。当他被世俗的烦恼弄得心烦意乱时,我试着抚平他蹙起的眉头。如果我的歌唱达到了这种效果,我就会认为我的声音是婉转悦耳的。

的确如此,梅森太太回答说,我们培养才艺,是为了取悦我们的亲友;美德是必要的,它必须永远是我们平和有用的基础;但是当我们有能力去爱时,我们希望拥有我们自己的独特之处。我们研究朋友的品位,努力迎合它,但是,我们这样做的同时,也应该提高自身的能力,而不应该卑躬屈膝地模仿朋友的能力。亲爱的姑娘们,请注意诚实夫人的不同,她的才艺是为了朋友,她的美德是为了全世界。

诚实夫人回答说:如果全世界对我能力的赞扬没有给我的品格增添任何真正的光彩,却使我感到欢欣鼓舞,我会认为自己是虚荣的,灵魂是渺小的。我内心的赞许,那种取悦至高者的卑微愿望,使我的灵魂得到了升华。我感到,在一种未来的状态下,我可能会享受难以形容的幸福,尽管我目前还只有淡淡的预先体验。除了这些我无法描述的崇高情感,以及行善带来的快乐以外,每当我能取悦我所爱之人时,我都是快乐的。激励我前进的不是虚荣,而是温柔。我的歌、我的画、我的每一个行动,都有我内心的东西蕴含其中。如果我能给我的孩子们增添纯真的快乐,同时还能提升他们,我的才艺不就是有用的？同样，当我变换家庭中的快乐时，我会让丈夫忘记这是一个孤独的家。他会回家来寻找优雅，而正是他本人润色了这优雅。优雅若非从有道德的情感中产生，就会显得做作。

对不起，我在我最喜欢的话题上说得太多了，那是因为我想纠正你们的想法。

这时，诚实先生拿来他最好的一些水果，加入了谈话。喝过茶，诚实夫人给她们看了几幅她自己画的画。在她们再三要求下，她还演奏了大键琴，并且由诚实先生用小提琴伴奏。然后她让孩子们每人跳一支舞，为她们伴奏的是她们各自最喜欢的曲子。

回到家，女孩们热切地称赞诚实夫人。玛丽说，不知道为什么，当她注意到我的时候，我感到那么高兴。卡罗琳也叫道，我从来没见过这么和善的人。梅森太太也加入了谈话。你说她和善真是恰如其分。你们记得她的故事，她热爱真理，也一直在行使仁慈和爱。从她避免践踏昆虫开始，她的爱就可以追溯到那个永生者。正是她的善造就了她那些令人愉快的品质。

布莱克插画：

我们确实很幸福？

二十一

身体疼痛的好处。坚忍是美德的基础。犹豫不决是愚蠢的。

孩子们已经在花园里玩了一会儿，梅森太太一个人在看书，突然被卡罗琳的叫声吓了一跳，后者极为痛苦地跑进了房间。玛丽很快跟了进来，解释说，她妹妹不小心惊动了一些黄蜂，黄蜂吓坏了，当然也就蜇了她。有人来给卡罗琳上药，想减轻她的痛苦，但是整个过程中，卡罗琳不断地大声抱怨，言语愚蠢，全然不顾她给那些竭力想减轻她痛苦的人带来了多大的不安。

不一会儿，痛苦减弱了，然后她的朋友用比平常严肃得多的语气对卡罗琳说：我很遗憾看到一个像你这么大的女孩因为身体的疼痛而哭泣，这是软弱的标志，证明你不能胜任重要职责。我还要告诉你多少次，至高无上的上帝是为永恒而教育我们的？

美德这个词的原意是力量。因此，坚定的意志是一切美德的基础，美德属于本性软弱，但意志和决心坚强的人。

孩子们很早就感受到身体的痛苦，为的是能在成为理性动物后,惯于承受灵魂的冲突。我认为肉体痛苦是最初的考验,我喜欢看到那种竭力掩盖痛苦的适当的骄傲。我担心,那些年轻时就爱为一点小烦恼哭泣的人,长大后也将永远不会有足够的精神力量去面对所有可能折磨身体的痛苦,会卑鄙地逃避痛苦。的确,这似乎是伟大心灵和渺小心灵之间的本质区别:前者知道如何忍受,后者却任由不朽的灵魂被压抑,迷失在自己的居所中,并允许攻击一方(肉体)的不便,从而压倒另一方(精神)。如果感到身体的优越,并通过锻炼使之充满活力,那么灵魂将会永远支持身体。全能的上帝从来不会只让人受苦,而不给人任何奖赏。他先是让孩子们生病,然后教他们忍耐和坚韧。当他们逐渐学会忍受疾病时,他们就获得了一些美德。同样,意外遭遇饥寒也不是罪恶。它能使我们体会不幸者的感受,教会我们怀有温柔之心。你的很多同类每天都在承受痛苦,而那种痛苦是你一刻都承受不了、还会不停抱怨的痛苦。承受痛苦还有另外一个好处,那就是挨过饿后,你不会再挑剔食物,不会为了果腹而只选择某种食物。你将从一种轻浮的刻意中解脱出来。

即使是令人作呕的苦药,如果有必要喝,也必须立刻吞咽。知道应该吃就不要犹豫,不要因犹豫不决而让别人难过。如果需要拔牙,或者需要做任何其他不愉快的手术,就当机立断马上去做。只要清楚看到了你应该采取的步骤,就不要争论。我要是看到哪个孩子是以这种方式行动的,我真想拥抱他(她),我的灵魂渴望他(她)。我感到一个对社会有用的人正在崭露头角,他(她)正在为让自己的灵魂进入更高尚的行动领域做准备。

相信我,正是对痛苦的耐心承受,使你能抵制个人的激情。承受了身体上的痛苦,才会有足够的坚强承受精神上更为痛苦的折磨。不要为了驱散一时的忧虑而陷入放纵,也不要为了逃避眼前的不便而忘记应该把牢固的美德当作唯一实在的善。

一个不愿忍受痛苦和饥饿的人如果服侍我,我是不会珍惜她的感情的。那种在必要时期求对他人有用、遭遇了困难却退缩的仁慈也不是温暖的仁慈。

有些人心中有正义的骄傲,有崇高的抱负,让我非常钦佩。我在玛丽身上看到过这一点!她在同情别人的时候,能想象自己正在忍受他们的不便。在她看到别人痛苦时,她似乎能感受到更多的不安,我从她脸上看到的不安比她自己处于痛苦的直接压力下感受到的还要多。

记住，你们要耐心忍受同类中最弱之人的病痛，对自己却不能同样放纵。

二十二

伦敦之旅。

姑娘们明显有了进步。一种聪明的神气开始让卡罗琳秀气的五官生动起来，仁慈使她的眼睛散发出莹润的光芒，显得美丽动人。我们对别人命运的兴趣，使我们与之联系在一起，因此，卡罗琳的善良比她的美貌更能激起他人的爱慕之情。

玛丽的判断力一天比一天更清晰，或者更确切地说，她获得了经验。她生动的感情让理性在她的头脑中稳固下来。正当梅森太太为她们明显的进步感到高兴时，她收到了她们父亲的来信，希望她允许他的女儿们进城过冬，因为他想为她们延请最好的老师，而这是乡村没有的优势。她勉强同意了，决定再和她们待一段时间。但是，很快，她们就为旅行做好了准备。

盼望已久的早晨到了，女孩们兴高采烈地出发了。她们一方面为离开乡村而遗憾，一方面又很高兴能去伦敦这座大都市。她们没有料到会和梅森太太分离，但希望很快擦干浸湿她们面颊的泪水。秋天的景色对她们来说是新鲜的,她们看到树篱呈现出各种各样的颜色,树木也都剥去了叶子,但她们还不习惯从中生发出道德的含义。

到达伦敦后的一段时间里,她们对看到的每一样东西都感到惊奇和钦佩。直到她们对新事物稍微熟悉了一点,才开始提出合理的问题。

买几件礼物需要征用她们的钱包,她们请求梅森太太允许她们买一些她们需要的小东西。这个要求很合理,梅森太太答应了。

二十三

慈善。购物。苦恼的文具商。拖延付款的恶果。

她们出去找商店时,两人都决定买些袖珍书,但是她们的朋友[梅森太太]希望她们不要一下子花光所有的钱,因为她们会在大都市的无数街道遇到行善的对象。她说,我不希望你们救济每一个随便遇到的乞丐,但是如果有人引起了你们的注意,那就听从内心的冲动。作为施展同情心的代价,你们需要给那个行善对象一点钱,但是不要让"他们可能是骗子"的自私低语阻止了你们的行动。然而,假如你们不确定对方的困难是否属实,我建议你们只给一点钱,并认为这钱是为快乐而给的。我宁愿被骗五百次,也不愿无缘无故地怀疑一次。

她们在一家小店停了下来,梅森太太总是找这样的店铺,因为她说,说不定我可以帮到那些可能需要帮助的人。我从不找便宜货,因为我希望每个人都能得到他所卖货物的合理价钱。

在她们碰巧进入的那家店铺里,两个女孩没有找到她们想买的那种袖珍书,想转身离开,却被她们那位更体贴的朋友留下了。女孩们翻看小饰品的时候,侍奉她们的那个女店主的表情吸引了梅森太太的目光,她注意到女店主急切地想向女孩们推荐些书。于是梅森太太对女孩们说,你们已经给这位女店主添了很多不必要的麻烦,这些书比你们想买的更好,也更贵,不过我会把不足的部分补上。那女人红肿的双眼立刻放射出喜悦的光芒。梅森太太用温和的慈悲语气说,恕我冒昧,您能告诉我您明显的痛苦因何而来吗?也许我能帮您解围。那女人突然哭了起来。夫人,您已经为我解了围,因为您花的钱已经够我给可怜的小孙子们买点吃的了,还能给他们可怜的父亲送顿饭。虽然这世上再没有比我儿子更诚实的人了,可他因为欠债而被关进了监牢。啊!夫人,真没想到我会落到这步田地。昨天我儿媳妇死了,可怜的人!事情变得这么糟糕,伤了她的心。我儿子已经入狱五个月了。我不懂经营商店,也不懂进些合适的商品维持店里的信誉,因此生意一直在下滑。可是如果我儿子把债还清了,他现在就会在这里,我们的口袋里也就有钱了。更让人恼火的是,欠我们钱最多的人都很有钱。当然,他们的生活很高级,养了那么多的马匹和仆人,缺钱是常有的。可是他们有钱的时候,脑子又多半怪得很,不想给穷开店的付欠款。起初,我们不敢找他们要账,害怕失去这些主顾,后来事情果真变成了这样。当我们迫不得已,冒险向他们要账时,他们去了别的店,还不把欠款还给我们。

而且,我亲爱的夫人,这还不是我全部的悲痛。我儿子在不幸发生前,是全伦敦最清醒、最勤劳的年轻人之一,可是现在他不像以前那样了。他在监狱里无所事事,为了排遣烦恼,学会了喝酒。他说忘记自己是一种安慰,然后他又加上一句诅咒的话,在那之前我可从来没听他骂过人。他还是个孩子的时候,我努力教他祈祷词,他回报我做了一个孝子。现在情况完全变了,他似乎失去了所有天生的亲情,也不理会他母亲的眼泪。说到这里,老妇人哭得直抽噎,几乎喘不上气来,然后挣扎着继续说道:他会让我满头白发、充满悲伤地走向坟墓。可是我可怜这孩子,他和这么多嘲笑正经事的浪荡子关在一起。我给他送去的每一分钱他都拿去喝酒了,他还让他可怜的媳妇把衣服当掉给他买酒喝。能死她很高兴,要是让她听到她奶大的孩子长大以后鄙视她,她还是不活的好!一阵热泪让这位受难者感觉好了些,接着她说起了孙子们。她说,这些天真的孩子我养不了了,他们只能去济贫院。要是让那些上等人知道我们这些勤劳的穷苦人为什么受苦,他们肯定就能多体贴我们一点了吧。

梅森太太给了她一点钱以满足她现在的需求,还答应她,离开伦敦前会再来看望她。

她们默默地走过了两三条街。我希望你们学会思考,亲爱的姑娘们,梅森太太说,你们的心已经感受到了同情。我还需要对我们刚刚离开的那个可怜女人的处境做些评论吗?你们已经发现,那些欠债不还的人造成的伤害远超他们的想象。也许,这些人中的某些人也有过所谓高尚的举动,捐了一大笔钱,被人称作慷慨。不,他们可能会为一出悲剧哭泣,或是在读到某个感人故事时流泪,然后就夸耀自己是多么感性。唉!

他们也不想想当他们忽略了一切美德的基础——正义时,他们就给他人造成了多么剧烈的痛苦。他们把一个可怜人引向罪恶,给无助的婴儿带来了苦难,还让年迈的寡妇流泪。

二十四

拜访伦敦一户贫困家庭。懒惰是罪恶之母。挥霍和慷慨不相容。仁爱的乐趣。存钱动机的真假。

以上这个故事以及那家人给她们留下的印象慢慢淡化以后,卡罗琳请求梅森太太允许她买一个玩具,然后再买一个,直到她几乎把钱花光。梅森太太发现后,就四处寻找处于困境中的对象。很快,一个可怜的女人出现了,她瘦弱的脸庞给她的故事增添了分量。一个同样瘦弱的婴儿挂在她的胸前,但是她的乳房似乎已经没有足够的奶水来润泽这婴儿干枯的嘴唇。

经过询问,得知这女人住在附近的一间阁楼里。她丈夫失业已久,还得了病。他以前那位雇主渐渐损失了大部分生意,因为他最好的顾客都越来越喜欢外国货,他的货只好堆在仓库里日渐破旧。很多工人因此被解雇,再加上没能立刻在其他地方找到工作,这些人就陷入了极端的困境。一位声誉良好的店主证实了这一说法。他还说,很多死在绞刑架上还得不到同情的不幸之人最初都是由于偶然的懒惰才导致堕落的。

她们登上黑暗的楼梯,这座小房子的每一部分都散发着臭气,令人难以忍受。房子虽小,可是每间屋里都住着一家人。人人都在焦急地盼望生活必需品,从没想过生活还有何舒适可言。尽管放饭菜的那块桌布早已肮脏不堪,但是糟糕的饭菜还是被一抢而光,胃里也不觉得恶心。明天的面包都还不知道在哪儿,谁还在乎什么清洁?如此一来,绝望增加了痛苦,随之而来的疾病又加剧了贫穷的恐怖!

她们跟着那女人走进一间从来就没有被快乐的阳光照射过的低矮阁楼。一个面色蜡黄、胡子很长的男人守着一个破炉子底部的几块煤渣发抖,旁边的地上还有两个半裸的孩子正在呼吸同样有害的空气。孩子们眼窝深陷,眼里没有这个年龄的孩子应有的快乐。而且,他们拉长的脸上不仅没有笑容,反而过早出现了皱纹。生命被扼杀在了萌芽状态,在它才开始展现自己的时候便又合上了。"一场霜冻,一场致命的霜冻"摧毁了父母的希望,这两个孩子来到这世上似乎只是为了作为半成品爬行、受苦，然后死去。

梅森太太让女孩们救济这家，卡罗琳羞愧地低下头，她希望自己草率买来的那些微不足道的装饰品能够沉到海底。玛丽则为这项新的特权骄傲不已，她掏空了钱包。卡罗琳恳求梅森太太允许她把系在自己脖子上的手帕送给那个小婴儿。

梅森太太要那个女人第二天去找她，然后她们离开了，留下这家人因为得到丰盛的馈赠而欢喜。

卡罗琳期待责备的话语很快从她真正的朋友嘴里说出。我很高兴发生了这次事故，向你们证明挥霍和慷慨是不相容的。节俭和自我克制对每一个社会阶层而言都是必要的，它使我们慷慨大方，按正义的规则行事。

玛丽今天晚上可以安安稳稳睡一觉，被愚蠢放纵的懒散的幻想将不会在她脑海里飘荡，她可以在闭眼入睡前感谢上帝让她成为他仁慈的工具。卡罗琳，你买的那些小玩意能给你带来如此由衷的快乐吗？

自私的人省吃俭用，为的是满足自己的任性和欲望。仁爱的人抑制任性和欲望，却是为了让高尚的情感得以发挥。挥霍钱财时，我们不仅欺骗了穷人，还剥夺了自己灵魂最尊贵的食物。如果你想成为有用之人，就必须控制自己的欲望，不要坐等贫穷和不幸闯到你面前

布莱克插画：

节俭和自我克制是必要的，在任何场合，它使我们慷慨

来,而是要主动把贫穷和不幸找出来。在乡下,贫困的情况并不总像现在这样令人震惊,但是在大城市,很多住在阁楼里的家庭就像我们今天下午看到的那样。为满足无聊的虚荣愿望而花的钱,以及对漂亮玩意不受理性约束的幼稚喜爱,本来都可以用来减轻穷人的痛苦——那是我的灵魂不愿想象的一种痛苦。

二十五

梅森太太给她年轻朋友的临别忠告。

梅森太太在离开学生的前一天,拉住每个学生的一只手,将其温柔地握在自己手里,泪水涌上眼眶——我为你们颤抖,我亲爱的姑娘们,因为你们现在必须独自实践那些我一直都在努力向你们灌输的美德了。我会焦急地等待夏天,看你们会取得何种进步。

我们讨论过几个非常重要的问题,请不要忘记我的结论。现在,作为我最后的礼物,我送给你们一本书,我把我们讨论过的问题都写在里面了。你们要经常读读书里的故事,因为这些故事证明了书中所包含的指导。读完这些故事,你们不会觉得缺了我的个人意见。有些推理你们可能无法完全理解,但是随着理解力的逐渐成熟,你们将会感受到它们的全部力量。

　　避免愤怒,行使同情,热爱真理。记住,你们的主要安慰必须来自宗教,千万不要忽视祷告的义务。把你们的痛苦和需要都告诉那个最聪明、最优秀的存在,这会产生一种安慰,他的手中不仅掌握着今生的问题,还把握着来世的问题。你们必须从经验中学习这种安慰。

　　你们的父亲会给你们一定额度的津贴。你们已经感受到了行善的乐趣,务必记得克服对幻想的狂热追求,如此才能满足仁慈的愿望。务必在琐事上厉行节约,这样你们才能在重大场合慷慨大方。你们要做的善事,务必速速去做,要知道,忽略琐事会铸成大错,你们所能支配的只有现在。

　　你们现在已是我友谊的候选人了,今后我对你们的尊敬将取决于你们在德行上的进步。经常给我写信吧,我会准时回信,但是要让我得到你们心中真正的情意。在表达爱意和尊重时,不要为了得到你们想要的东西,或者只为说漂亮话而偏离真理。

　　再见!当你们想起你们的这位朋友,请遵守她的戒律。请记住我对你们的爱,并让这份回忆增加我所努力灌输的真理的分量。为了报答我对你们的关心,也请让我知道你们热爱且正实践着美德。

附录

遗言教女

约翰·格里高利

序①

以下信札由一位温柔的父亲在健康日衰的情况下为教化女儿而写。虽非为公众而作,然则每个以告诫和建议的眼光看待这组文字的人都可以将其拿来为己所用。如此家常闲话不必牺牲于偏见、风俗和时髦见解。为父的关爱真情流露,不加掩饰,亦不加限制,父亲渴望女儿进步的殷殷之情体现于其谆谆教诲中。只要能使女儿变得亲和友善,为父的都满怀热情。对常常随之而来的危险——即使是在目标实现的过程中也会产生危险,为父的洞察与忧惧也同样敏锐。因此他会留心一千种细小的礼仪和风度,哪怕最精细的道德家在同一题目下做事不关己的推断时也难免会忽略其中很多事情。既然如此柔情关注的对象是自己的爱女,为父的每个感官自然都戒备了起来。

对这些信件的书写者而言,身为父亲的柔情和警惕更是加倍。他在写下这些文字之际早已是丧妻之人,死

---

① 这篇《遗言教女》出版于一七七四年,序的作者是作者约翰·格里高利的儿子詹姆斯·格里高利(James Gregory, 1753-1821),即后文"女儿们"的哥哥。

亡业已剥夺了他幼女之母的生命，为父者亦健康不佳，这越发激起他对女儿们未来幸福最温柔的忧虑。即便他可以断定，他的言传身教给女儿们留下的印象绝不会从其记忆中抹去，他对女儿们孤儿境地的忧虑还是建议他：以写作这种形式将其言传身教的优势继续向女儿们灌输下去。

本文编辑有心将此篇文字献诸公众，也是因为受到这位父亲其他著作迄今为止反响甚好的鼓励。《关于人和其他动物状况的比较视角》以及《论内科医生的职责与义务》两文读者甚众。假设未被友朋的偏爱欺骗，本文编辑有理由相信这两篇文章均已获得广泛认可。

在这些文章中，有些旨在提高读者的品位与理解，有些旨在修补读者的心灵，有些则通过展示哲学如何应用于一般生活而指出哲学的正途。无论如何，作者写作所有这些作品的主要目的都是造福同类。于编者而言，既然友朋辈中品位和判断最得信任之人都认为这篇小文的发表能够助益人类福祉的整体规划，并能寄托对故去之人的哀思，那么他便不再犹豫，而是遵循诸公建议，将本文公之于众。

导　言

我亲爱的女儿们：

　　你们不幸幼年丧母，并以彼时的童稚之龄对这一损失毫无知觉，因此，你们从母亲那里既没有获得言传，也没有得到身教。而在你们读到这份遗言之前，你们也一样会失去父亲。

　　设若在你们尚未成年、尚不能独立思考和行动之际，上帝就要将我从你们身边带走，你们则必将身陷孤独和无助之境，对此我曾思虑良多。我太了解人类，知道人类面对所有有关友谊和人道的责任时可以多么虚伪、放浪和冷漠，知道无助的婴儿多么不受人关注。如果你们无法对朋友做出回报，或者增其利益，或者添其愉悦，甚至连其虚荣心都满足不了，那么你们就不会有什么朋友能无私地帮助你们。

　　如此一想，我心中自然烦忧难过。但在如此情境下还在支撑我的，一是我对天意之善的依赖，迄今为止它护佑了你们，还给了最令我愉快的期待，那就是你们将会成长为性情良善之人；二是我暗自希望，希望你们母亲的品格能给你们带来福佑。

　　因为焦虑你们的幸福，我下定决心，要将我对你们未来生活的操行的想法敷衍成篇。天若假我以年,这些想法将会更适合你们不一而足的才能性情,更能使你们从中获益。若我很快死去,那么你们收到的这份遗言也就只好以这种非常不完美的状态呈现,它是我爱你们的最后证明。

你们都会记得为父的慈爱,即使忘了他的其他一切。我希望这份记忆能使你们认真聆听我现在就要留给你们的建议。我有资格要求你们注意,因为我相信在人生最有趣的一些事情上,我与你们母亲的感想完全一致,而我对她的判断和品位的信任有甚于己。

你们一定会理解我即将留给你们的建议很不完美,因为在女性举止方面,有很多无名的微妙之处只能由女人判断,男人不能。但你们若是聆听我的建议,你们会获得一种优势,那就是一生中至少有一次,你们能听到一个男人的真实想法——他无须奉承,也无须欺骗你们。我将汇总我的想法,对其顺序编排我并未精心设计,只是为避免混乱,才大致加了几个标题。

在我刚刚发表的一篇小文中,你们会看到我是多么尊重女性。我不把女性看作家庭的苦工或者男人的消遣。相反,我把女人看成是男人的伴侣,看作与男人平等的人,是天生要软化男性心灵、改进男性举止的人。汤姆森说得好:

为了提升道德，推动幸福，

还为了让人类生活中所有的苦都变成甜。①

关于这一主题，我将不在此处重复我在彼处所言。我只想说，从我对你们的天性和社会地位的看法出发，我认为女性应当举止得体，这是对你们性别的特殊要求。我想对你们发表的看法，也正是关于女性举止的这种独特之处，因此我将不再概述那些男女均须遵守的一般行为准则。

我将向你们解释那些有助于提升你们荣誉和幸福的行为系统，同时我也会努力指出男人眼中能使女人变得最为可亲可敬的品德与成就。

---

① 语出詹姆士·汤姆森的长诗《四季》(*The Seasons*, 1730)。诗以素体无韵写成，分春夏秋冬四部分，写四时风景，兼以沉思，是英国第一首写自然的长诗。于当时的读者而言，此诗的新颖处在于没有情节，也不用其他叙事技法，打破了新古典主义文学批评所持的亚里士多德标准。但也有批评者认为《四季》辞藻华丽矫揉，表达不直接自然。《四季》发表后百多年间深受读者喜爱，沃斯通克拉夫特和格里高利都对其征引就是证明。格里高利下文所说"汤姆森的《春天》"也指此诗。此处引文意在指明女性的存在价值，"为了提升道德，推动幸福 / 还为了让人类生活中所有的苦都变成甜"的下一行就是"这就是女性的尊严与赞美"。

约翰·格里高利(1724–1773),威廉·豪伊森
(William Howison)版画,以乔治·查默斯(George
Chalmers)的油画为底本

宗　教

虽然严格说来,男女都应履行宗教义务,但是天性和教育中的某些差异使得女性的某些恶习尤为可憎。男人天生心硬,激情浓烈,外加年轻时惯于放纵自己,举止会越发放荡,故而对心灵的精细感受不够敏锐。而女性的敏感、谦逊优于男性,女性所受的教育通常也较男性严格,这一切都在很大程度上保护了女性,使得她们不至于像男性那样易受诱惑。女人性情中天生的温柔与敏感尤使女人适合履行那些与心灵密切相关的职责。这一点与女性天生热情的想象力相加,使得女性的宗教情感尤为敏感。

女性的处境中有很多情形尤其要求宗教的支撑,这样女性才能得体、有志气地应对。女人的一生经常都是受苦的一生。当你们不幸面临压力时,你们不能像男人那样,或投身实务,或纵情声色,而是必须默默承受忧伤,不为人知,也无人同情。即使你们的心灵被痛苦撕扯,或者沉入绝望,你们也必须经常装出一副平静愉快的样子,然后你们唯一的对策就是在宗教中寻求安慰。正是主要出于这些原因,你们才能比我们更能承受家庭的不幸。

但是有时候你们的处境又非常不同,这时一样要求宗教的节制。女性天生的活力,或者说天生的虚荣,很容易把你们引向一种放荡的生活。它以一种纯洁的乐趣的表象欺骗你们,实际却浪费了你们的精力,损害了你们的健康,弱化了你们原本高超的所有才智,玷污了你们的名誉。宗教通过制衡这种放荡和享乐心,甚至可以使你们从一样的娱乐中获得更多的快乐,而同样这些娱乐如果享受得太过频繁,是会经常造成生腻和嫌恶的后果的。

宗教,与其说是理性问题,不如说是情感问题。重要和有趣的信条都已经足够清楚。你们应该将注意力集中于此,而不要插手争论。那会使你们身陷混乱,再也无法抽身。宗教争论毁坏性情,而且我怀疑,对心灵也不会有好的影响。

避免所有那些在重大宗教问题上有可能动摇你们信仰的书籍和谈话,因为这些问题原本应该约束你们的行为,是你们未来的希望和永久的幸福所倚靠之物。

永远不要放纵自己讥嘲宗教问题,也不要支持别人这样做,不要表现出被他们所说的打动的样子。对教养良好的人,这样的态度应该足以起到制约之用。

至于宗教见解,我希望你们止步于圣经。信奉那些你们认为含义清楚的部分,永远不要困惑于你们不懂的东西,但是要以得体的静默尊敬待之。我建议你们只读那些对心灵发声、能激发虔敬热忱的感情、能引导举止的宗教书籍,而非那些可能会把你们卷入无尽的观点和系统的迷宫中去的宗教书籍。

你们应当准时践习早晚的私人致敬。只要你们稍有敏感性或想象力,这些仪式将会使你们和最高存在之间建立交流,将会对你们的生活产生无尽的重要性。它们将给你们的性情传递一种习惯性的愉悦,为你们的道德赋予坚定和沉着,使你们在经历人生一切沉浮时都能保持体面和尊严。

你们还应定期参加公共敬拜和领圣餐。不要允许任何事打断你们的私人和公共致敬,除非你们要履行生活中的某些积极职责。私人和公共致敬必须永远让位于这些职责。在公共崇拜中,你们的举止应当严肃专注。

在履行这些职责时,我向你们建议的那种极端的严格会被很多你们认识的人当作对形式的一种迷信般的依恋,但是我在这个问题和其他问题上给你们建议时,都注意到了时代精神和礼仪。时下的风气中有种轻浮和放荡,对宗教的看法也有种冷漠和倦怠,这一点难免会传染给你们,除非你们能在头脑中有意培养一种对立的见解,将虔诚变成习惯。

履行宗教职责时,要避免一切怪相和卖弄。它们是伪善惯常的披风,至少显露了头脑的软弱和虚荣。

在男女混杂的场合,切勿将宗教当作普通话题交谈,如果有人引出这话题,你们应当婉拒,同时还不应允许任何人用任何愚蠢的下流话侮辱你们的宗教见解。对此你们应该表现出憎恶,就像你们在受到任何针对你们个人的其他侮辱时自然会表现的那样。但是最能避免此事的办法是在此问题上谦逊地有所保留,并且不随意对待他人的宗教感情。

你们应该对所有人心怀宽广的友善,而不论其宗教见解与你们如何不同。这种不同可能来自你们与他们并不相同的某些缘由,你们从中并不能得到任何益处。

尊重宗教,就当尊敬所有牧师,并让这种尊敬显现出来,而不论其所属是何教派,只要其生活不至玷污其志业就当容让。但也不要让他们指引你们的良心,以免其用各自教派的狭隘精神将你们玷污。

你们信仰宗教的最好结果是对所有身处困境者均能施以广泛的人道。把你们的收入分一部分出来捐献给慈善事业。但是在这点上,以及在践行其他每项职责

宗　教

（托马斯·斯托瑟德为一七九七年版所绘）

时,你们均须谨慎,避免卖弄。虚荣立下的目标总是被它自己打败。名誉是品德的自然奖赏。切勿追求名誉,它自会追随你们而来。

勿使慈善囿于施舍钱财。在无须出钱处,也可能会有很多机会让你们表现出温柔和同情。人的感性中有种虚假、做作的精致,使得一些人不愿看到任何对象受苦。永远不要这么做,尤其在事关你们的朋友和熟人时。当全世界都在遗忘或者躲避他们时,你们要让他们的不幸状态成为你们施展人道和友谊的契机。看到人类悲惨的场面,心灵会软化,心灵会因软化而变得更美。它能制衡健康和富裕带来的骄矜,而其造成的痛苦也会因你们有履职尽责的意识而获得足够的补偿。同时,在我们因同情而悲伤时,天性会在这份悲伤之上附加一种隐秘的亲密,用来补偿那痛苦。

如果女性认为她们对宗教漠不关心就会得到男人的赞赏,那就大错特错了。男人即使不信教,也不喜欢女人不信教。一个男人只要懂得人性,就会把女性的宗教品位与其心灵的温柔敏感联系起来。至少男性总会把这种温柔敏感的缺失看作男性冷硬精神的证明,这是所有女性缺陷里最为男性所不喜的。此外,男人把女人信仰宗教看作男人最主要的安全感的保证,保证女性具备他们最感兴趣的那种品德。如果一位绅士表现出对你们中任何一个有好感,并试图动摇你们的宗教原则,那么你们可以断定他要么是个傻瓜,要么对你们有所图谋又不敢明言。

你们可能好奇为何我教育你们成长的教派与我自己的教派不同。原因很明显:我认为我们的两个教派之间并无甚重要区别,垂青哪个无非是品位问题。你们的母亲被教育为国教徒,并且对国教怀有感情,而我对她喜爱之事总是有所偏好。她从未希望你们由国教会牧师施洗,或者由国教会教养成人。正相反,一件事无论多么微小,只要影响了外人对我的看法,她都会深加注意,这种精细使她焦虑地坚持你们不应信奉国教的观点。但在此种慷慨大度上我却不能对她让步。在她过世时,我更坚定了要使你们成为国教徒的决心,因为任何事只要在我看来表达了我对你们母亲的爱与尊敬,我做这件事的时候就会感到一种隐秘的快乐。至于你们母亲是何模样,我只勾勒了一幅非常模糊、很不完美的图画,但我同时也已尽量指出你们应该是什么样子(读者应该记得,此书将始终避免描述男女共有的一些特点)。

行为举止

女人的性格中有种美,在于谦逊之保守,退让之敏感。它躲避公众的注视,即使是在爱慕的注视下也会感到窘迫。我不希望你们不理解夸赞。如若你们真的不理解,你们就会不够亲切,但这还不是最坏的地步。最坏的地步是你们有可能晕眩于那种令你们心灵悦动的爱慕。

当一个女孩不再脸红害羞,她就失去了美最强大的魅力。害羞所展示的那种极端敏感在我们男人身上可能是个弱点和麻烦——我是常常这样感觉的,但对女人而言,害羞却非常迷人。自诩哲学家的那些学究会发问:女人既然不认为自己犯罪,为何要脸红?一个令人信服的回答是:天性使女人在不为任何错误愧疚时脸红,天性也使男人因女人脸红而爱上女人。脸红并不一定是犯罪的侍从,相反,脸红通常是纯真的伴侣。

这种谦逊在我看来是女性的根本,它自然会使你们在人群中,尤其是在稠人广众中沉默下来。有头脑、有分辨力的人绝不会把这种沉默误会成蠢笨。人是可以不置一词却加入谈话的。脸上的表情可以达意,而这不会逃脱一双善于观察的眼睛。

如果你们在公共场所的举止有种轻松的尊严，但又不是那种自信的轻松，或者那种毫不害羞的表情（因为那样似乎是要挑战你们周围的人），我将会很高兴。如果一位绅士正在对你们说话，而此时一个更高等级的人也在向你们开口，不要让你们急切的注意力和明显的偏好暴露你们内心的波澜。让尊严在这种场合拯救你们，使你们不至跌入虚荣心可能会使你们跌入的那种卑鄙。想想看吧，你们使自己成为人群的笑柄。你们冒犯了一个绅士，只为扩大另一个绅士的胜利，而后者很可能会觉得和你们说话是抬举了你们。

即使跟最上流的男子说话也要保持尊严与端庄，这可以防止对方对你们表现出哪怕一丝一毫的随随便便，因此也可以防止他们自认为比你们高级。

你们所能表现出的最危险的才能是机智。机智须有谨慎处事和温厚性情的守护，否则将为你们树敌无数。机智和温柔、敏锐共存，但三者又很少结为一体。机智对虚荣是如此趋奉，以至于那些自诩机智的人很容易变得自我陶醉，失去一切自制。

幽默是另一种品质。它会使别人乐意与你们相处，但是你们必须谨慎对待如何施展幽默。幽默经常是道德敏感的大敌，更是个性尊严的大敌。它有时可能会为你们赢得夸赞,却永远不能为你们赢得尊敬。

展现判断力时更要谨慎,那会让人以为你们自信高于他人。但是如果你们碰巧有些许学识,那就将其作为深刻的机密自我保留吧,尤其不要让男人知晓,因为他们看待聪明女人和高明见解时常常怀着嫉妒和恶意。

一个真正腹有才华、襟怀坦荡的男人远远超脱于这种卑劣,但是这样的男人你们很难遇到。如果碰巧遇到了,也不要急切地向其展示你们的全部学识。他如果有机会遇到你们,自会很快发现。如果你们长得好,仪态美,还能保守秘密,那他对你们的评价可能会高于你们本身所具备的品质与才能。谈话中那种伟大的取悦技巧在于使谈话对象感到愉快。只要聆听他的谈话,你们会很容易获得他的好感。

小心诽谤,尤其在事关你们女人之时。女人常常被指责为尤其嗜好此种恶习,但是我认为这种指责不公。事关利益牵扯时,男人一样有愧于此。但是因为女人的利益更易发生冲突,女人的情感也比男人更敏感,因此你们比我们更经常受此诱惑。正因如此,你们应当格外小心自己的名誉,尤其是当其碰巧会影响我们对你们的看法时。我们将此事看成一个女人是否有尊严、是否真正具备伟大头脑的最强证据。

行为举止

（托马斯·斯托瑟德为一七九七年版所绘）

要同情不幸的女人,尤其是那些因男子的恶行而遭遇不幸的女人。做这些不幸者的朋友和守护者,并享受那份隐秘的快乐,或者我可以说是骄傲,但是不要虚荣地炫耀它。

要将各种谈话中的粗俗当成耻辱,当成对男人而言无比恶心的东西。所有语带双关的暧昧之语当属此类。男人教育中的风流允许他们以某种机智对此做些消遣,但是当听到类似言辞从你们口中说出时,或者当你们听到类似谈话而不觉讨厌和鄙视时,那么就连这样的男人也都有足够的敏感对此感到震惊。处女的纯洁是如此微妙,以至于不可能在听到某些谈话时不受污染。你们总有能力避免这些。除非男人是畜生或傻瓜,否则只要他看到此类谈话会令女人痛苦,就不会用其侮辱女人。而女人如果以恰当的勇气憎恶这种侮辱,那么男人也不敢这么做。在自觉的道德中保持尊严,它能震慑最无耻最放纵的男人。

你们可能会遭人指责,被人说成假正经。但是假正经的意思通常是指假装精致。我不希望你们假装精致,我希望你们拥有精致。无论如何,冒被人认为可笑的风险总好过冒被人认为恶心的风险。

男人会抱怨你们太保守,会向你们保证说,举止坦率些会令你们更亲切。但是相信我,他们这么说是不真诚的。我承认,在某些情况下,坦率可能会令你们在与人相处时更讨人喜欢,可是它也会令你们作为女人不够温暖有爱。这个区分很重要,很多女性却并不知晓。无论如何,我希望你们在谈话时轻松、坦诚。我只指出某些注意事项,以便约束你们在这方面的举止。

对真理要怀有神圣的尊敬。撒谎是卑劣可鄙的恶行。我认识一些女士,非常聪明,但是太爱撒谎,以至于你不能相信她们所讲的任何事,尤其是讲到奇异之事,或者她们自己就是故事主角时。这个弱点并非出自坏心,而是虚荣心或者想象力不受控制的结果。我不想责难人对幽默故事所做的生动润色,因为人这么做的目的无非是娱乐他人,而那份乐趣是全然无害的。

女人在精神和仪态方面有种温柔非常吸引人,它不是对一切事物不加区分地关注,也不是那种没有意义、对谁都会展现的傻笑。后者或者来自假装的温柔,或者来自绝对的无趣。

有一种精致的享乐最近才开始在这个国家的绅士中流行开来,我们的女士对此还不知晓,就像世界上其他地方的女性对此也还很陌生一样。为女性的荣誉计,我希望她们还是继续不知道的好。我指的是在吃方面的享乐。这在男人是一种自私、可鄙的恶习，但对女人来说就成了言语无法描述的粗俗和恶心。

任何人只要还记得几年前的景象，就会发现如今男性对女性的关注和尊敬发生了巨变。会客室空了，正餐和晚饭后，男士们都在不耐烦地等着女士们退场。男人是如何失去了这种天性和礼数都要求他们具备的尊敬的，我在此不想深究。任何国家风俗变革的原因都是多种多样、复杂不一的。我只想说，上一代女士的举止非常谦逊，富有尊严。现在再像那样，会被人认为太刻板、太正式也太可笑。可是无论如何，谦逊自尊的结果当然是使过去的女人更受尊敬。

一个好女人，就像自然中的任何好物一样，都需要恰当的观察角度。依此角度观察，她会表现出个人最好的样子。而要想找到这一角度，须有绝佳的判断力，以及对人类心灵的深刻了解。以目前女性行事的方式看，她们似乎期待重新获得对男性的支配，为此她们充分施展了个人魅力，例如总是出现在公共场所，希望被男人看到；试图与男人自由交谈，就像男人之间毫无保留地自由交谈一样。简而言之，女人想和男人一样。但是只需一点时间和经验，就会证明这种期待和行为是多么错误。

一个好女人对男人，对最优秀男人的心灵的影响力是连她自己都想象不到的。男人固然知道令人愉快的只是幻象，但他们却不能、也不想将这幻象消解。可是假如女人决心驱除这种魅力，她当然也有能力这么做：她可以很快将天使变成普通女孩。

　　于天真的端庄中自带尊严，这是女人被期待拥有的品质，也是女人抵御男人狎昵的自然屏障。女人在知道应该保护自己的神圣不受任何人随意对待之前，就应该知道这一点。至于美，以及它那许多叫不上名字的魅力和亲密，应该留给那些你们将心托付的幸福男子，应该给他带来福祉。但是如果这名男子知道在他之前，你们曾向五十个男人售卖过这种魅力和亲密，那么但凡他还有一丁点道德敏感，他就会鄙视你们。那种认为女人只要还保有贞节，就可以允许男人对她为所欲为的想法既无比下流，也极其危险。何况事实已经证明，这种想法已经给很多女人造成了致命伤害。

　　现在让我向你们推荐优雅。它本身不算是种品质，却是对所有其他品质的打磨、润色与抛光。它能使你们的每个神情动作、你们说的每一句话都散发出妙不可言的魅力。它赋予美以魅力，没有了魅力，美通常无法取悦他人。它在一定程度上是种个人素质。就此而言，它是天赋,但我却将它主要归于一种头脑的素质。一句话,它是生活和处事品位达致完美境界的表现,是每种美德和每个优点最优美最亲切的体现。

你们可能会以为我想把自然的每一点火花都从你们的构成中抹去,从而将你们变成完全矫饰和人造的模样。远非如此。我希望你们拥有最朴实的心灵和仪态。我认为你们可以拥有尊严却不傲慢,拥有亲切却不小气,拥有简单的优雅却不虚伪做作。弥尔顿和我的想法一致,因为他说夏娃:

> 步态优雅,眼眸如同天堂,
> 一举一动都充满爱和尊严。①

娱　乐

人生的每个阶段都有其自然和正当的娱乐。你们尽可以从中满足自己各种各样的品位,并将那种适合女性的得体保持在允许的范围内。

有些娱乐对健康有益,比如各项运动;有些与真正有用的品质有关,比如各种女红,以及一切家庭需求;有

---

① 引自弥尔顿《失乐园》第八卷。

些则是优雅的才艺,如着装、跳舞、音乐和画画。相比纯粹的娱乐,那些能够提高认识、扩大学识、培养品位的书籍会得到更高评价。也有很多其他种类的娱乐既无甚用处,也无观赏价值,例如各种各样的玩耍。

我尤其建议你们从事那些能使你们广泛接触室外的运动,例如走路和骑马。这会使你们体质强健,肤色红润。如果你们总是习惯外出时乘车,那么很快你们就会虚弱无力,出门时再也无法摆脱它,它就像大多数奢侈品一样,使用得当时有用有趣,养成习惯后却会无聊有害。

关注健康是你们对自己、对朋友的责任。健康不佳很少不对精神和脾气产生影响。最优秀的天才、最敏锐的头脑往往体质娇弱,还经常忽视身体。这类人的享受在于阅读和晚睡,而这两者都是健康和美的敌人。

虽然健康是人生最大的幸福之一,但是不要夸耀健康,相反,应该在默默感恩中享受健康。男人总习惯把女人的温柔敏感和她们的娇弱体质联系在一起,以至于当一个女人说自己很有力气,胃口极好,还能承受过度的劳累时,男人不免会被这样的描述吓到,而女人则不自知。

传授你们针线、编织以及诸如此类的技能,并非为了手工劳动的内在价值——它本身无甚价值——而是为了使你们更能评判这类劳动，并指导别人从事这类劳动。另一个主要目的在于使你们以比较愉快的方式填充你们在家时无法避免的一些孤独时刻。人生的幸福中很重要的一项是尽量不依靠别人而获得乐趣。总是跑出去找乐子会使你们失去所有相识之人的尊敬，因为你们的那些拜访会令人厌烦，而你们原本是可以通过更谨慎的做法让人家求着你们上门的。

家庭经济完全是女人的职责范围，它为行使良好的判断力和品位提供了各式各样的主题。日后你们若是掌管了一个家，家庭经济将会占据你们很多时间和精力。哪怕再有钱，你们也无法免除这方面的责任。如若家里没钱，那么忽视家庭经济造成的毁灭会来得更为迅猛。

我在读书方面最不知该如何给你们建议。读历史，或者在天才或偶然的指引下学习任何艺术或科学都无甚不得体。自然整个的卷册向你们敞开，为你们提供种类无尽的娱乐。如果我确定自然已经赋予了你们极高的品位和情感的原则，强到会一直陪伴在你们左右、影响你们未来行为的地步，那么我会怀着最大的喜悦努力指导你们阅读，使你们形成最富真理和优雅的品位。

娱　乐

（托马斯·斯托瑟德为一七九七年版所绘）

"但是当我想到鼓动一个女孩子的想象力是多么容易，可是深刻永久地影响她的心灵又是多么难，她是多么容易走入任何一种细微的情感，又是多么容易就会为虚荣或方便牺牲掉这一切"，我就觉得假如我硬要造出一种品位来，就很有可能伤害你们。如果自然从没赋予你们这种品位，那么将其生造出来只能令你们未来的行为难堪。我不想人为地塑造你们，我想知道自然如何塑造了你们，并照她的方案使你们完美起来。我不希望你们抱持可能会令自己迷惑的想法，我只希望你们拥有始终如一、沉着稳固地指导自己的想法。你们的心灵要能完全赞成这些想法，不会因为这个世界提出任何意见而将其抛弃。

着装打扮是女性生活中的一个重要内容。女人天生爱好服饰，因此穿着打扮是正当合理的。好的判断力将约束你们在这方面的花销，好的品位也会引导你们在着装时最大限度地隐藏缺点，凸显美貌——如果你们有美貌的话。但在实施这一规则时需要敏锐和判断力。好女人最有魅力的时候似乎是她最能隐藏魅力的时候。自然中最美的胸也美不过想象中的胸。最优雅的服饰永远都是那些看起来最简单、最不雕琢的服饰。

不要只在公众场合才注意着装。要养成整洁的习惯,这样即使在你们衣着最随意、最不设防时,也不必为自己的外表羞愧。你们无法想象男人有多重视女人的衣着,并将其看成女人性格的体现。虚荣、轻浮、邋遢、愚蠢,都经此体现。简单的优雅是品位和得体的证据。

跳舞时,主要须注意保持轻松和优雅。我希望你们跳舞时富有生气,但也不要得意忘形,忘了身为女人的体面。很多女性怀着心灵的快乐和纯真起舞,却被认为是带着一种她本人意想不到的劲头。

我知道对于任何稍有情操或幽默感的人来说,再也没什么娱乐比戏剧更令人开心。但是我很抱歉地说,没有几出英国喜剧是一个淑女看了不会震惊、不会被冒犯的。你们不会那么容易想到绅士们如何评价你们在这种场合中的举止。通常情况下,男人最熟悉的女性是最无价值的那类,男人还太容易从她们身上形成对其余女性的看法。戏里有些极不得体的话,已婚女性听了不会不好意思,可是一个贞洁女孩听了居然也面不改色,因为实际上她根本不懂这话是什么意思。可是有人非常刻薄地把这归因于她们对面部表情的控制和她们头脑的镇定沉着,因为在这两方面,女性被认为能力远超男性。如果旁观者更怀恶意,还会说她早就坚硬麻木、厚颜无耻了。

有时候一个女孩看戏时笑得纯真,毫不戒备,纯粹是因为被别人的笑所带动,可是旁人却认为她懂的比她应该懂的多。如果她真的碰巧懂得一件重要的事,她就会感到一种非常复杂的痛苦:她最清楚地感到自己的端庄受到了伤害,同时也羞愧她竟然表现出她感知到了这种伤害的样子。唯一避免此种麻烦的方法,就是永远不要去看那些格外冒犯女性体面的戏。悲剧不会令女人遭受如此的痛苦,它的悲伤会令女性的心灵柔软、高贵。

关于赌博,我不消多说,因为这个国家的女性几乎还不谙此道。赌博是一个无法治愈的毁人恶习。它对女性而言尤为可憎,因为它导致所有自私和混乱的激情。作为一种娱乐,我不反对你们小赌,任何一种都可以——只要你们输得少,既不会对其上瘾也不会受其伤害。

在这方面,正如在行为举止的所有重要方面,你们必须表现出坚定的决心和稳健。这丝毫不与女性那令人感到亲切的温柔高贵的品质相矛盾。相反,它赋予温和甜蜜的性情以活力,没有了活力,温和甜蜜会堕落为无趣。决心和稳健会令你在同性眼中可敬,在异性眼中端庄。

友谊、恋爱、婚姻

上流社会盛行奢侈放荡。它在很多方面腐蚀人心，使心灵无法缔结温暖、真诚和稳定的友谊。正确择友对你们而言至关重要，因为朋友的建议和帮助或许于你们有利，除此之外，友谊赋予一颗温暖、开放和天真的心灵的即刻满足本身也足以成为心灵追求友谊的动机。

择友时，你们的注意力应主要集中于那人是否心善和忠诚上。如果那人还有品位和才华，那么他或她会成为你们更愉悦和有益的伙伴。那些在你们早年还无法予以回报之时就对你们表现出关爱的人，你们应当格外予以信任。这份帮助你们再怎样感恩都不过分。当你们读到此处，自然会想起你们母亲的那位朋友，你们对她亏欠良多。

如果你们有幸遇到任何当得起朋友之名的人，不妨毫不迟疑地对其敞开心扉。这世界有个准则，就是勿将秘密告诉他人，因为秘密被人发现后会令你痛苦无比。但是这个准则如若不是因为经常遭受失望和恶遇而得出的结论，就当属无知头脑和冷漠心灵的产物。整体而言，相比保守多疑，性情开放会令你们更加愉快——只要你们能对自己的性情加以谨慎的制约，虽然有时你们也会因此遭殃。冷漠和不信任无非是衰老和经验的必然结果，但是这些情感令人不悦，无须提前迎接它们的到来。

但是不论你们怎么公开讨论自己的事，也永远不要把一个朋友的秘密告诉另一个朋友。这些秘密是神圣的托付，它们既不属于你们，你们也无权加以利用。

另一种情况下我怀疑私密是正当的。我这样怀疑并非出自谨慎的动机，而是出于体面——我说的是恋爱。女人固然不必因为爱慕哪个有价值的男子而感觉羞耻，但是天性的权威位列哲学之上，它会将羞耻感附加在这种爱慕之上。一个敏感细腻的女人需要花很长时间，才敢向内心坦承自己爱上了一个男人，她会找一切精妙的借口向自己隐瞒自己在恋爱的事实，而当所有这些借口失败后，她会感到自己的尊严和端庄受到了粗暴对待。我认为，只要女人不确定自己的爱是否能有回报，这一点就一定总是如此。

在这种情况下，随便向人敞开心扉在我看来不符合女性的体面，但我也可能错了。同时我必须告诉你们，在谨慎方面，你们须小心秘密被揭穿的后果。不论你们认为秘密多么重要，在你们的朋友看来，它们都可能极其渺小，因为朋友也许不会深入你们的感情，只会将其当作消遣。因此,恋爱的秘密是所有秘密中保守得最为糟糕的,但是对你们而言,后果却可能非常严重,因为任何有志气有道德感的男性都不会重视曾经被爱情役使过无数次的心灵。

因此,如果你们必须找一个朋友倾诉衷肠,那就务必注意她的名誉,以及她是否能保守秘密。她不能是已婚的,更不能婚姻幸福。一个婚姻幸福的女人即使是女人中最好、最宝贵者,也可能会在某些不设防的时刻向她丈夫流露出某些暗示,而她在其他时候,或者对丈夫以外的其他人是不会这么做的。她丈夫在这种情况下不会觉得有和妻子一样保守你们秘密或名誉的义务,因为你们最初托付秘密的人不是他,而且对你们所托之事别人很容易不当回事。

假若其他一切条件相当,则你们姐妹间成为朋友是有明显好处的。你们之间血缘的纽带,以及利益的一致,可以为你们的友谊提供额外的黏合剂。如果你们的兄弟有幸拥有对友谊敏感的心灵,还有真理、荣誉、头脑以及情感的敏锐,那么他们将是你们最合适、最经常的倾诉对象。向他们倾吐内心,你们将会得到你们从男性友谊中所能期望的一切好处,又不会造成你们和男性结交朋友所带来的任何不便。

向仆人倾吐心由必须小心。尊严若是不能被理解，很容易堕落成骄傲。骄傲不会进入友谊，因为它不能忍受平等；它还非常喜欢奉承，哪怕这奉承来自仆人和附庸，它也会紧抓住不放。因此，骄傲者最亲密的倾诉对象是自己贴身的男女仆佣。对仆人要表现出最大的人道，尽量使其处境舒适，但是如果将其作为倾诉对象，你们就会惯坏他们，也贬低了自己。

不要允许任何人假装友谊，借此和你们过分熟悉，以至失去了对你们的尊敬。不要允许他们就任何不愉快的话题或在你们已经决定了的事情上戏弄你们。很多人会告诉你们，如此有所保留会和友谊所允许的自由相抵触。但是友谊如同恋爱，一定的尊敬是必要的。没有了尊敬，你们可能会像小孩一样招人喜欢，却永远不会被人当成平等之人受到爱戴。

女性的性情使你们比男性更容易也更热情地走入友谊。你们在这方面的天性是如此之强，以至于你们经常走进很快就有足够理由后悔的亲密关系。这就使你们的友谊非常起伏不定。

影响女性友谊的真诚和稳定的另一大障碍，是女性在追求爱情、野心或虚荣时的利益冲突太大。因此，第一眼看去，你们似乎更适合和男性缔结友谊。男女交往如果轻松适意，则众多好处中的一个就是，双方都会努力想要做得更好，取悦对方。如此，男女各自的优秀之处就能彼此传递融合。男女的利益既然不产生任何冲突，也就不会产生竞争关系中的嫉妒和猜疑。男人对女人的友谊即使丝毫不涉情爱，也会永远夹杂一丝温柔，而男人对男人的友谊就不会有此种温柔。此外，男人知道女人天生有权要求男人的保护与帮助，因此男人有一种为女性服务的额外责任感，会将其看作是自己的名誉所在。任何时候女人向男人倾吐机密，男人都会觉得有义务保守女人的机密，使其不受侵犯。

但在应用这些看法时却要非常小心。成千上万心地善良、头脑聪慧的女性被男性毁掉，正是因为后者以徒有虚名的友谊的名义接近她们。假如一个男人人品绝无问题，可是他对一个女子的友谊却如此接近爱情，而如果这女子的相貌还很美，那么不久以后他就很有可能爱上她，而这女子想要的无非是友谊。让我在此警告你们，谨防虚荣女子常有的那种软弱，即认为每个注意她的男人都爱上了她。再也没有比以下这种情况更能使你们成为笑柄的了：怀疑一个男人爱上了你们，拿出这种情况下愚蠢女人常见的种种姿态和腔调，而那男子却可能从来没用这种眼光看待过你们。

有些男人爱献些没意义的殷勤。假如你们有判断力，会觉得这其实无伤大雅。这类男人会陪你们去公共场所，为你们办点小事，以求对你们有用，这是那些身份更高者不大明白、无暇注意，甚或太过骄傲而不屑为之的事。把这类男人的赞美当成口头功夫吧，因为他们对每个认识的、让人愉快的女性都会这么说。他们爱做出一副和你们很熟的样子，如果你们的举止中有种恰当的尊严，会很容易将其阻止。

有一类男人不同，他们有钱，有品位，有才华，他们的谈话在某些方面高于你们在同性中经常听到的那种，你们可能会喜欢让他们做你们愉快的伙伴。假如你们只是因为无聊之人说这样的男子爱上了你们，就将如此有用有趣的朋友从自己身边剥离，那就太傻了。这样的男子可能只是喜欢与你们相伴，但并不图谋你们本人。

情趣相似，尤其是品位相似的人，即使对未来是否还会联系并无长远的规划，也还是会类聚起来。但是这种头脑上的亲密经常产生一种比友谊还要温柔的依恋，因此谨慎的做法是警惕自己不要如此，以免你们的心灵在你们还未知觉之前就变得太过依恋对方。同时，至少在世界的这一部分，我不认为女性有太多此类感情，能形成此种依恋。对女性来说通常叫爱情的那个东西其实是感激,是对欣赏你们多于欣赏其他女性的那位男性的偏爱。你们经常嫁给这样的男子,即使对他的为人既不怀有尊敬,也不怀有喜爱。的确,在这个国家,一个女人如果既没有很多天生的情感,也没有难得的好运,那就不大可能嫁给爱情。

你们当中有一条格言,是一条很明智的格言,说爱情不会先从你们那一方开始,相反,爱情完全因我们对你们的情感而引发。现在,假设一个女人有理智、有品位,她不会觉得有很多男人值得她尊敬。少数几个她能尊敬的人当中,能看上她的更是少之又少。爱情,至少对男人而言,是极其反复无常的,它并不总是待在理智让它待的地方。即使这类可敬的男子中有人爱上了她,这男人仍然很有可能不是她的心在这世界上最能欣赏的那个。

因此,在这个问题上,尽管自然没有给女人无限的选择,就像男人所享受的那样,自然却智慧且慈悲地给了你们更灵活的品位。一名绅士身上某些令人愉快的品质会令你们喜欢上他,和他建立友谊。在和他结识的过程中,他对你们产生了感情。你们察觉到了,于是引发了你们的感激之情。之后,如果遭遇困难和反对,感激会升华为垂青,垂青又有可能最后发展为某种依恋。

困难和反对，以及对悬念的喜好，是感情发展的巨大诱因，是男女恋爱的营养。如果感情不是以这种方式在女性中被激发出来，那么你们当中连百万分之一的人都不可能带着任何程度的爱去结婚。

一个有品位有道德的男子之所以和一个女子结婚，是因为他爱她甚于爱其他女人。一个有着同样品位和道德的女人和男子结婚，则是因为她尊敬他，还因为他给了她一份偏爱。但是如果男人不幸爱上了一个早已心有所属的女人，那么他的爱恋不仅不能获得适当的回报，还会格外令她讨厌。如果他还要坚持撩拨她，更会使自己成为她鄙视和嫌恶的对象。

爱在男人身上产生的效果因人的脾性不同而各有差异。一个狡诈男子会装出所有这些效果中的每一种，以便能轻易施加于一个有着开放而慷慨的心灵以及丰富情感的年轻女子——如果这女子不万分小心的话。再聪明的女孩都无法完全确保自身的安全。一个可敬高尚的头脑无法想象也无法探寻诡计的那条黑暗扭曲的路径。

以下是我认为男子中怀有那种可敬的激情者最真实也最难伪装的样子。一个考虑周全的男子经常会因为努力想要隐藏自己的激情而暴露激情，尤其是当他成功的可能性极小时。真爱在所有阶段都希望隐藏自己,但又从来不会成功。它使一个男人在对待心爱的女人时,举止中不仅充满尊敬,还表现出最大程度的羞怯。为隐藏他在她面前感到的敬畏,他有时候可能会假装开开玩笑,但这不适合他,他觉得尴尬,于是很快又退回到严肃甚至沉闷的状态中。他在想象中夸大了那女子所有真实的美,要么对她的缺点视而不见,要么将其转化成了优点。他像是一个知道自己犯罪的人,他怀疑每只眼睛都在盯着自己。为了避免这一点,他不再做出男性对女性通常都会做出的细小礼节。

他心灵和品格的各个方面都会因爱情而得到改善。他的行动更温和,谈话更愉快,但是害羞和窘迫永远都会害他在爱人面前表现不佳。假如他长久地沉迷下去,精神会被完全压抑,头脑中每一个积极、活泼、阳刚的准则也都会被熄灭。你们可以在汤姆森的《春天》一诗中看到这一题材优美凄婉的表现。

当你们在一个绅士的举止中看到我上述的这些迹象时,你们应当严肃地想想自己该怎么办才好。如果他的感情令你们愉快,那么我将任由天性、理智和道德引领你们的行为。如果你们爱他,我建议你们永远不要向他吐露你们爱他的程度,哪怕是嫁给了他。嫁给他足够证明你们的爱,他有权知道的就是这些。如果他为人体面,为了你们,他不会要求你们给出更强烈的证据证明你们对他的爱。如果他有理智,那么为了他自己,他也不会这么要求。这是一个令人不悦的真理,却是职责所在,我必须让你们知道。激烈的爱不能维持,至少不能在任何时候都由双方同时表达,不然结果就是生腻和厌恶,哪怕这结果隐而不显。在这种情况下,自然将保守派给了女人。

如果你们看到明显的证据,证明一个绅士爱上了你们,而你们决定对其关闭心门,那么你们要诚实仁慈地对待他,就像你们希望一个你们爱他、他却不爱你们的人会大方对待你们一样。不要让他在悲惨的悬念中踯躅,要尽快让他知道你们对他的态度。

尽管人心都爱自我欺骗,可是如果没有成功的希望,很少有人会长久地爱着另外一个人。如果你们真心不愿欺骗爱你们的人,你们有很多办法可以做到。只要那男子还剩余一点判断力,则你们举止中那种轻松的亲密,可以让他知道自己毫无希望。但是你们的脾性也可能不承认这一点,并因此很容易表现出你们不想有他陪伴的样子。如果你们还想维持和他的友谊,就不要这么做,因为这会害你们在各方面都失去他。如果你们真心希望解除他的悬念，不妨找个共同的朋友向他解释清楚，或者试试其他办法。

但是如果你们决心不用以上办法中的任何一个，那么至少也不要不给他解释的机会。如果你们真的不给，你们的行为就是野蛮不公的。如果他做出了解释，你们应该给他一个礼貌但坚定果决的回答。但凡他是个体面、有志气的人，不管你们用什么办法表态，他都不会给你们制造更多的麻烦，也不会向你们的朋友寻求干预。最后这个求爱之法为每个有志男子所不齿。有志之士永远不会哀求、请求你们的同情，这几乎会像你们的鄙视一样羞辱他。简而言之，你们或许会伤了一颗心，但永远不会使这颗心屈服。不管隐藏在怎样温和、谦逊的外表之下，巨大的自尊也永远都伴随在细腻情感的左右，是所有激情中最难征服的一种。

在一种情况下，女人可以最大限度地在自己良知的许可下正当地施展风情。那就是当男人有意拒绝表态，一直拖延到自认为可以完全确定女人会同意他的求爱时。归根结底，男人这样做是为了迫使女人放弃她毫无疑问的性别优势——拒绝的优势，同时也是为了迫使她在自己屈尊表态之前就表态，并用这种方式迫使女人打破其端庄、敏感，从而颠倒自然早已规定好的清朗秩序。

所有这一切牺牲都纯粹是为了满足男人最可鄙的虚荣心，他竟会如此贬低他想娶做妻子的女人。

一个貌似爱你们的绅士之所以延迟表态，是出于我刚才说的动机，还是出于与真情实感密不可分的羞涩？区分这两者非常重要。如果是前者，你们再怎么对他都不过分，如果是后者，你们就应当以极大的善意对他。你们所能表现出的最大善意，莫过于在你们决心不听他表白的时候，尽早让他知道这一点。

当女人不这么做时，我知道她们努力向世人证明自己，也向自己的良心证明自己的诸多借口。她们有时候借口说不知道，或者至少是不确定男子的真感情——有时候事实可能确实如此。有时候她们借口说女性的行为必须得体，必须对所有男子一视同仁，绝不能把任何男子当成爱人，除非此人直言相告。可能很少有女人会像我一样把女性的道德敏感和得体看得如此重要，但是我必须说，你们无权以满足这些德行为借口，而不遵守那些更为重要的德行，如感恩、公正和人道。一个把你们看得高于其他女性的男子有权得到这些，而他最大的弱点可能就在于他高看了你们。事情的真相是，虚荣心和喜欢受人崇拜的心理在女性当中是如此普遍的一种激情，以至于每次女人（在所有卖弄风情的技巧全都失效后，或者在男人强迫她表态时）放弃一个爱她的男人，人们都会觉得她做出了巨大的牺牲。你们可能喜欢的是爱情，而不在乎，甚至鄙视那爱人。

但是最深刻最狡猾的卖弄风情属于那些品位和理智都更高超的女人，她们这么做是为了吸引、锁定一个世人和她们自己都尊敬的男人的心，哪怕她们打定了主意永远不嫁给他。可是他的谈话使她们觉得有趣，他的感情是对她们虚荣心的最高级的满足。不，她们有时还会满足于毁了他的财富、名誉和幸福。上帝不允许我这样想全体女性，我知道很多女性有原则，有灵魂的慷慨与尊严，这使她们高于我刚才讲的这类一钱不值的虚荣。

我被劝说去相信，这样一个有原则有灵魂的女人永远都有可能将一个爱她、她却不爱的男人转化成一个温暖、稳定的朋友，只要这男人有理智、有决心、为人坦率。如果她以慷慨的坦诚和自由向他表态、拒绝他，他作为男人，一定会觉得颇受打击，但他也一定会像个男人一样承受打击。他要难过也是默默难过。每一份尊敬都还在。然而，爱情要求的食物虽少，吃太多还容易厌腻，但它也还是需要一些滋养。这男人会把那女人当成已婚女性那样看待，激情固然已经消退，但是一个有着坦率和慷慨心灵的男性对曾经爱过并且待他以诚的女人，永远都会保留一分温柔，超出他对所有其他女性的感觉。

倘若他没有将自己的秘密告诉他人，他就无疑有权要求你们也不要将之泄露。女人若想把自己不幸的情事告诉朋友，她大可这么做，因为这是她的私事。但是假如她有慷慨的精神或者感恩的心，她就不会将不属于自己的秘密透露给他人。

男人卖弄风情比女人更加不可饶恕，也更有害无益，但是这在这个国家并不多见。很少有男人为赢得或留住女人的喜爱而自找麻烦，无论他们对于这份喜爱是抱着尊敬抑或是不尊敬的看法。一个追求事业、野心或享乐的男子不会为了求取女人的欢心而自找麻烦，也不会纯粹出于虚荣，为了征服一个天真、没有防卫能力的女孩的心而干出这种事来。此外，人们从不特别珍惜那些完全在自己能力范围内的事。一个有头脑、有情操、有谈吐的男人如果能将所有对真理和人道的考虑弃之不顾，他完全有能力同时赢得五十个女人的心，还能无比娴熟地卖弄风骚，以至于任何一个女人都没法单独挑出他的哪句话来，说这话直接表达了爱。

这种行为上的暧昧，这种让人处于悬念之中的技巧是男女都会的卖弄风骚的重大机密。这技巧在男人使用时更加残酷，因为男人能在任意程度上将其施展，也能在任意时间上将其延续，而女人却没有多少抱怨或劝诫的自由。而且男人一旦厌烦了自己的处境，还能打破链条，强迫女人表态。

我尤其强调这个求爱的主题，因为它极有可能会在你们还不更事的人生阶段就悄然发生，此时你们激情热烈，判断力却不够成熟，无法纠正激情。我希望你们具备崇高的荣誉感和慷慨之心，使你们不至于欺骗他人，同时我也希望你们具备精确的判断，使你们不至于被他人欺骗。

在我们这个国家，女人很容易防备爱的第一印象。同时，谨慎和体面也都能使她保护自己的心灵不受第一印象的伤害，直到她接收到最具说服力的证据，说明某个有德男子爱上了她，并且值得她回报。诚然，女人的心可以顽固、永久地对男人具备的所有优点关闭。这有可能是你们的不幸，但不可能是你们的错误。在这种情况下，如果你们心里讨厌一个人，却把手交给了他，那是对你们自己和对爱你们的人的不公。如果你们在还不确定是否能予以回报时，或者更糟的是，在你们还不具备那些能保证婚姻幸福的条件时（也只有这些条件能保证婚姻的幸福），就允许一份感情偷偷占据你们的心，那么你们的命运将是悲惨的。

女人如果觉得只有结婚才会幸福，那我就不知道还有什么比这更令她可鄙的了。这个想法不但粗俗，还很错误，成千上万的女人已经经历过了。如果这个想法曾经是对的，那么，现在依然怀有这一信念并由此迫不及待地闪婚，是防范这一想法的最有效途径。

你们千万不要因此以为我不希望你们结婚。正相反，我认为你们在婚姻中能比在其他任何状态下获得更多的幸福。我知道一个老处女孤独无助的境地，知道懊恼易怒容易影响她的脾气，我也知道有尊严、愉快地从年轻漂亮、受人爱慕和尊敬的状态过渡到安静、沉默、不被人关注的垂暮之年是多么艰难。

我看到有些头脑积极活跃、精力异常充沛的未婚女人自甘堕落。她们有时走上与自己年龄不符的放荡道路，遭到年龄是她们孙女辈的女孩的嘲笑；有时不恰当地介入朋友的私生活，令朋友徒增烦恼；有时还会诽谤他人和散布丑闻。而所有这一切都是因为她们的精力太过活跃，可是这份精力如能在家庭中找到用武之地，大可使她们成为受人尊重、对社会有用的成员。

婚 姻

（托马斯·斯托瑟德为一七九七年版所绘）

我也看到同样处境下的其他女性，温和端庄、有头脑、有品位、有道德上的敏感、具备所有文雅的女性品德，但就是性情软弱、害羞、胆怯。我看到这样的女性堕入默默无闻和无足轻重之中，逐渐丧失每一种文雅的成就。原因显而易见，就是她们没能和有头脑、有钱、有品位、懂得她们价值的伴侣结合在一起。这个伴侣要能唤起她们隐藏的品质，彰显她们的优点，给她们软弱的精神以必要的支撑，还能以爱和温柔使这女人幸福地发挥自己的每一样才能，在每一种能够增添丈夫愉悦的高雅艺术中有所成就。

　　简而言之，我认为婚姻的缔结，如果是出自尊敬，出于爱的正当动机，对你们而言将是最幸福的状态，它将使你们成为世人眼中最受尊敬的人，以及对社会而言最有用的成员。但是我坦白我并不足够爱国，我不希望你们因公众利益而结婚。我希望你们结婚不为其他，而只是为了使自己更加幸福。当我对你们的行为举止提出建议时，我承认我的心跳间怀着温柔的希望，希望能使你们配得上那些配得上你们、懂得你们价值的男人的爱。但是上天永远禁止你们放弃轻松、独立的单身生活而去做一个傻瓜的奴隶，或者一个反复无常的暴君的奴隶。

这些是我一贯的想法，因此当我离世时，我会公正地对待你们，使你们获得经济上的独立，让你们不必因形势所迫而遭受诱惑，做出某些你们在有选择的情况下永远不会做出的举动。经济独立还能使你们免受那种对有志气的女子而言非常残酷的屈辱，即怀疑一个男子认为娶你是帮你或是挽救你的名声。

如果我能活到你们能够自己做出判断而且我也不会奇怪地改变自己情感的年纪，我将以不同于大多数父母对待子女的方式对待你们。我一向认为，在那一天到来之际，父母的权威便应终止。

我希望永远以慈爱和轻松的自信对待你们，使你们待我如朋友。我只有在这种身份里才觉得有权告诉你们我的观点。我在这样做的同时，如果没有尽自己最大力量去除一切偏向我个人品位的虚荣与偏见，我会觉得自己犯了大罪。如果你们不听我的话，我也不会终止对你们的爱，那是父亲对孩子的爱。即使我不再有权要求你顺从，我也仍会认为没有什么能斩断我和你们之间天性和人道的纽带。

你们可能认为，我向你们建议的保守举止，以及很少让你们出现在公众场合的做法，一定会切断你们结识绅士的所有机会。我的意图绝非如此。我并非建议你们保守，我只是建议你们具备在男性眼中更受人尊重、更令人喜爱的举止。我不认为公共场合能让人彼此了解，在公共场合只能以外表和外在举止区分人。只有私下相处时，你们才能和人轻松愉快地交谈，而这是我永远都不希望你们拒绝的事。如果你们不允许绅士们了解你们，就永远不可能期待任何一方怀着爱意结婚。爱很少靠一见钟情获得，即便真能如此，爱的基础至少也会很不牢固。真爱建立在尊重的基础上，它要求双方的品位和情操一致，它会毫无察觉地偷偷袭上心头。

有一条建议我想留给你们，并请你们格外注意。那就是，在你们开始对任何男子动情之前，要先严格检查一下自己的脾气、品位和心灵，在脑子里想清楚婚姻幸福的必要条件是什么。你们既然几乎不可能得到你们所希望的一切，那就不如沉着地想好你们认为最重要的是什么，可以牺牲的又是什么。

如果你们天生有渴望爱和友谊的心灵，也有能使你们进入这些依恋状态的精致敏感的情操，那么以上天的名义，也为了你们自己未来的幸福，请你们在沉浸于这些感情之前，务必先想好。如果这样的脾气和性情不巧深植于你们心中（这对女性而言通常是个巨大的不幸），而且你们有勇气和决心抵御虚荣的诱惑、朋友的迫害（因为你们将失去那个唯一永远不会迫害你们的朋友），还能应对我先前指出的伴随老处女状态的种种不便，那么你们尽可以放任自己沉溺于那种与你们的感情相称的感伤阅读和谈话。

可是你们如果经过严格的自我检查，发现婚姻于你们的幸福而言至关重要，那么为了我刚才说过的原因，你们应当把这个秘密埋藏在心底，使其不受侵犯。就像躲避最毒的毒药一样，务必避开那种激发你们想象、吸引和软化你们心灵、将你们的品位提升至平常生活之上的阅读和谈话。若不如此，则不妨想想这样做可能会在你们内心引发怎样可怕的激情的冲突。

一旦这种对精致的追求在你们头脑里生了根，你们又不听它的指挥，可还是出于庸俗、功利的目的结了婚，那么你们可能将永远无法将其根除，然后它会使你们婚后的日子痛苦不堪。你们不在丈夫身上感受理智、体贴、温柔，找不到友人和平等伴侣的感觉，却反而可能会厌倦于无聊无趣，震惊于粗俗不雅，抑或受辱于冷淡麻木。你们将会发现没有人同情你们甚至理解你们的痛苦，因为你们的丈夫可能并不会残酷地对待你们；相反，他可能还会根据自己的财务状况，尽其所能给你们买衣服，支付你们的个人花销，或者购买家庭必需品。世人于是会认为是你们自己不可理喻。如果你们不幸福，世人还会认为是你们不配得到幸福。假设你们打定了主意要嫁人，那么为了避免这些复杂的害处，我建议你们约束自己的阅读和娱乐，使其不至于影响你们的心灵和想象，但那种能使你们变得机智和幽默的阅读和娱乐除外。

我提这些建议不是想引领你们的品位，而只想强调了解自己想法的必要性。此事看似简单，实则难得，因为很少有女人能在人生的重大节点上把握得当，而我要谈的正是这个。我最希望你们拥有的素质，莫过于那种泰然自若、依靠自己的果敢精神，它能使你们看到你们的真正幸福所在，并以最坚定的决心将其求索。在实际事物上，可听从那些比你们懂得多、人格值得信任之人的建议，但在有赖于你们个人感情的品位问题上，不必向任何朋友咨询，只须咨询自己的内心。

如果有一位绅士向你们表白，或者给了你们理由相信他会向你们表白，那么在你们允许自己动情之前，一定要以最谨慎最隐秘的方式，从你们的朋友那里打探所有关于他的必要信息，例如他的品性、德行、脾气、财务状况、家庭背景，是否才智突出、家财丰厚，还是格外愚蠢、行事无赖，有无讨厌的家族遗传病等。当你们的朋友告知你们这些情况时，他们就尽到了职责；如果他们还想更进一步，那就失去了对你们的尊敬。而如果你们表现出一种恰到好处的尊严，你们就可以有效地要求得到他们的尊敬。

不管你们对结婚的看法如何，每一步都务必谨慎，以免达不成目的。如果钱，以及钱能带来的享乐是你们结婚的目的，那么你们只对万一日后守寡，自己所得的遗产和孩子所得的供应是否充足、是否有保障等事做出安排是不够的，你们还须在自己活着的时候就享受到这笔钱。你们从这其中所能得到的最大保障取决于你们是否能嫁给一个心善、慷慨的丈夫，他鄙视钱，允许你们按自己的心意享受生活的快乐、排场和炫耀，你们嫁给他不就为了这个吗？

听我刚才一说，你们会很容易了解到，我永远无法假装建议你们应该嫁给谁，但我可以非常自信地建议你们不要嫁给谁。

避免那种可能会把遗传疾病传给后代的伴侣，尤其是疯病，这是人类所有灾难中最可怕的一种。陷入这样的危险境地真是最大的鲁莽，在我看来，也是最大的犯罪。

不要嫁给傻瓜，这是所有动物中最难应付的一种。他被激情和任性左右，无法听从理性的声音。如果你有一个每每在人前开口都会令你脸红的丈夫，你的虚荣心还可能会受伤害。但是一个傻瓜所带来的最坏情况是他会经常嫉妒，他怕别人认为他受妻子的主宰。这就使你不可能领导他，他会不断做出荒唐和令人不悦的事来，原因只是为了表明他敢于这么做。

浪子做丈夫总是好猜疑，因为他只认识女性中最无价值的那一类。他会把最坏的疾病传染给妻儿——如果他不幸染上了这些病。

如果你们有宗教感，那就不要考虑没有宗教感的丈夫。如果男人的理解力过得去，那么为了自己，也为了家庭，他会很高兴你们有宗教信仰，即使这会降低他对你们的尊敬。如果男人性格懦弱，他会不断因为你们的信念戏弄你们，使你们震惊。如果你们有孩子，你们遭受的最大痛苦将会是看到所有你们为了塑造孩子头脑、使之成为虔诚的有德之人而付出的努力、为了孩子现在和未来的永久幸福而付出的所有努力，统统白费，成为笑柄。

我既然把你们对所嫁之人的选择看作影响你们幸

福的最大因素,我就希望你们在选择时拿出最大的谨慎来。不要仅凭一时的激情作选择,也不要以爱的名义使激情高贵。真爱不在任性中建立,它在自然中建立,在值得尊敬的观点、道德、品位的一致,以及灵魂的同情之上建立。

你们一旦有了这些情操,就不可能只为金钱而嫁给某个自己不爱的人,哪怕钱对你们夫妻二人的幸福都很必要。钱到底有多大用处,只能由你们的个人品位决定。利用爱人的感情,使其陷入贫困,于你们而言,是不义之举。假如他有荣誉感,那么一切个人满足都不会诱引他进入任何令你们不幸福的关系。如果你们和他之间有足够的金钱满足你们的所有需求,那也就够了。

在婚姻问题上,任何有思考能力的女性一定都会自然地面临一个难题。我将努力排除这个困难,并以此结束我的谈话。这个难题就是,在充满尊重和敬畏的爱慕中,能够制衡男人的狎昵、终止欲望的所有这些精致的考虑以及行事的尊严,最后将会如何?为了回答这个问题,我只会说:如果在你们结婚的决心中,有任何自私或虚荣的动机,那么这些变幻不定、荒诞不经的念头丝毫不会给你们带来痛苦。不,它们很快就会在你们眼中变得可笑,就像它们在你们丈夫的眼中可能一直都很可笑一样。这些想法只会浮游于你们的想象,不会到达你们的心灵。即便这些想法是真的,只要你们格外幸运,能赢得那些懂这些想法的人的爱,你们就没有理由害怕。

的确,婚姻很快就会驱散外在美所引起的迷恋,但是德行和优雅最初就会温暖人心,保守和正派也永远会给爱人更多的希望,还会经常令他怀疑你对他是否还有情有爱。这些品质可能会保留,也应该会长存。骚动的激情必将消退,但它会被亲密接替,而亲密会以一种更平等、更理智和更温柔的方式影响心灵。不过我不能再说、再沉浸于可能误导你们的描述中了,因为那会唤醒我对个人更加幸福日子的回忆,而那些回忆可能最好还是永远忘掉的好。

以上是我对你们未来生活中最重要的一些方面的建议,主要针对你们刚步入社会时的那个阶段。我尽量避免某些古怪的观点,因为它们有违世人的一般做法,从而让我有理由怀疑它们是否站得住脚。然而在我给你们写下这些话的同时,我担心我的心充满太多对你们利益的热烈关注,以至于令我无法遵守这一决定。这可能制造了一些尴尬和看似矛盾的地方。我所写的是我独处时的自娱,为的是转移某些忧郁的沉思。我知道在这项任务上我力有不逮,但是我总算完成了部分责任。你们至少可以高兴我做到了这一点,因为这代表为父对你们的爱与关注。

Thoughts on the Education of Daughters
by Mary Wollstonecraft
London：J. Johnson，1787

图书在版编目（CIP）数据

女子教育／（英）玛丽·沃斯通克拉夫特著；李博婷译. —
桂林：广西师范大学出版社，2023.3（2023.10 重印）
（文学纪念碑）
ISBN 978 - 7 - 5598 - 5592 - 3

Ⅰ. ①女… Ⅱ. ①玛… ②李… Ⅲ. ①妇女教育 Ⅳ. ①G776

中国版本图书馆 CIP 数据核字（2022）第 206666 号

女子教育
NÜZI JIAOYU

出 品 人：刘广汉　　　　　策　　划：魏　东
责任编辑：魏　东　　　　　助理编辑：程卫平
封面设计：赵　瑾

广西师范大学出版社出版发行

（广西桂林市五里店路9号　　邮政编码：541004　）
（网址：http://www.bbtpress.com　　　　　　　　）

出版人：黄轩庄
全国新华书店经销
销售热线：021 - 65200318　021 - 31260822 - 898
山东临沂新华印刷物流集团有限责任公司印刷
（临沂高新技术产业开发区新华路1号　邮政编码：276017）
开本：787 mm × 1 092 mm　　1/32
印张：8.25　　　　　　　　字数：130 千字
2023 年 3 月第 1 版　　　　2023 年 10 月第 2 次印刷
定价：59.00 元

如发现印装质量问题，影响阅读，请与出版社发行部门联系调换。